Jörg Fröhlich

Ein Hotel im Lustgarten von Potsdam

Jörg Fröhlich

Ein Hotel im Lustgarten von Potsdam

Das Interhotel Potsdam in historischer Umgebung von 1967 bis heute

Alle in diesem Buch veröffentlichten historischen Abbildungen stammen aus der Privatsammlung des Autors. Die aktuellen Fotos wurden eigenständig vom Autor hergestellt. Ich danke Herrn Michael Müller für die Bereitstellung von drei Fotos sowie folgenden Bildagenturen und Verlagen; Bild und Heimat GmbH Reichenbach, der Offizin Andersen Nexö Leipzig GmbH und der „Rotophot" GmbH Königs Wusterhausen für die Genehmigung des Abdrucks Ihrer Ansichtskarten. In einigen Fällen war es nicht möglich, für den Abdruck der Bilder die Rechteinhaber zu ermitteln. In diesen Fällen bleiben Honoraransprüche der Fotografen, Verlage und ihrer Rechtsnachfolger gewahrt.

3. verbesserte Auflage (2015)

Herstellung und Verlag: BoD – Books on Demand, Norderstedt

Umschlaggestaltung: Jörg Fröhlich

Satz und Layout: Jörg Fröhlich

ISBN: 9783848228546

http://interhotelpotsdam.jimdo.com/

Inhaltsverzeichnis

Einleitung

„Dieses Hotel ist angesichts seiner Höhe nicht zu übersehen. Die Fassade ist nicht wirklich schön, dafür ist der Ausblick von den Zimmern umso grandioser. Ganz Potsdam liegt einem hier zu Füßen", so die Beschreibung eines Gastes im Hotel »**Mercure**« in Potsdams Mitte.

Seit Jahren streitet Potsdam um das Hotel »**Mercure**«, ein Hochhaus aus den 60er-Jahren. Abriss-Befürworter des Hotelbaus meinen, er verschandelt das historische Stadtbild. Nach den zahlreichen Pro-Kontra-Debatten und Diskussionen über das »**Interhotel Potsdam**«, seiner Stellung und Perspektive, ist es an der Zeit, Licht hinter die Fassaden des Hochhauses im Stadtzentrum und seines Standortes, dem Lustgarten, zu bringen.

Es scheint erforderlich, sich mit der Geschichte der Entstehung dieses Hotels – von der Illusion in der DDR bis zur Gegenwart, objektiv auseinanderzusetzen.

Mit der vorliegenden Publikation soll dem Potsdamer, dem Zugezogenen Potsdamer aber auch dem Touristen gleichermaßen die Entstehungsgeschichte des »**Interhotels Potsdam**« im Lustgarten sowie der damit verbundene Bedarf der Architektur mit ihren Bauten aus der Zeit der ehemaligen DDR und zugleich des Erhalts dieser Bauten in der Gegenwart nahe gebracht werden.

Der Lustgarten

Die Geschichte des Lustgartens

Die erste Grünanlage, die es lange vor dem Park Sanssouci und anderen Anlagen in der Stadt gab, gehörte zum Stadtschloss der brandenburgisch-preußischen Kurfürsten und Könige.

So entstand um 1660 unter dem Großen Kurfürsten Friedrich Wilhelm von Brandenburg[1] und der Federführung des Statthalters Johann Moritz von Nassau-Siegen die älteste Parkanlage Potsdams. Als Vorbild dienten die Gartenanlagen der Stadt Kleve, dessen Ensemble aus Park und Schloss viele Besucher anzog und begeisterte.

Analog zu diesem Ideal war der Lustgarten in Potsdam Teil des Ensembles aus Stadtschloss, Altem Markt und Havelufer, als ein in sich geschlossener Raum, der durch die offenen Ringer- sowie Havelkolonnaden leicht zugänglich blieb und dadurch Transparenz ausstrahlte.

Die Hauptachse des Lustgartens dehnte sich vor der Südseite des Schlosses, der sogenannten „Gartenseite", bis zur Havel aus. Im Norden bildete der ausgedehnte Marstall eine Abgrenzung zur Stadt, während nach Westen hin eine Mauer die Soldaten am Desertieren hindern sollte. Hier befand sich bis Anfang des 18. Jahrhunderts die natürliche Stadtgrenze, denn dahinter begann das brache Sumpfland, wo sich Fischer in der Siedlung „Kiez" niedergelassen hatten (heutiger Verlauf der Breiten Straße, stadtauswärts).

---

[1] Friedrich Wilhelm von Brandenburg (* 6. Februar/ 16. Februar 1620 in Cölln an der Spree; † 29. April/ 9. Mai 1688 in Potsdam) aus dem Haus Hohenzollern war seit 1640 Markgraf von Brandenburg, Erzkämmerer und Kurfürst des Heiligen Römischen Reiches und Herzog in Preußen. Seine pragmatisch-entschlossene und reformfreudige Regierungspolitik ebnete den Weg für den späteren Aufstieg Brandenburg-Preußens zur Großmacht und der Hohenzollern zu einem der führenden deutschen Herrscherhäuser, weswegen er auch ab 1675 den Beinamen der Große Kurfürst trug. Quelle: Wikipedia

Der Soldatenkönig Friedrich Wilhelm I.[2] ließ den Lustgarten als Exerzierplatz einebnen. Sein Sohn und Nachfolger Friedrich II. gestaltete die südliche Hälfte wiederum zu einem Stadtpark und errichtete die Ringerkolonnaden, während auf der verkleinerten Freifläche das Militär weiterhin exerzierte und paradierte. Nach dem Ausbau des Parkes Sanssouci, des Neuen Gartens und weiterer Potsdamer Parkanlagen (Babelsberger Park) im 19. Jahrhundert, verlor der Lustgarten seinen Status als zentraler Schlossgarten. Friedrich Wilhelm III.[3] lenkte nun die Entwicklung der Gartenanlagen in Richtung öffentliche Parkanlage. Lange Zeit durch Boskette[4] gegliedert, erfolgte ab 1829 eine Vereinfachung des Parks nach Plänen des Landschaftsarchitekten Peter Joseph Lenné[5] zu Baumalleen und Heckenbepflanzungen. Das Neptunbecken, von Friedrich I.[6] ursprünglich als Schiffsanleger geschaffen, wurde wegen der langsamen Fließgeschwindigkeit der Havel und damit einhergehend mit einer zunehmenden Versandung von ihr getrennt und so zu einem eigenständigen Bassin. Darüber hinaus trug auch der Bau der Berlin-

2 Friedrich Wilhelm I., König in Preußen und Markgraf von Brandenburg, Erzkämmerer und Kurfürst des Heiligen Römischen Reiches (* 14. August 1688 in Berlin; † 31. Mai 1740 in Potsdam), aus dem Haus Hohenzollern, bekannt als „Soldatenkönig", regierte Preußen von 1713 bis 1740.

3 Friedrich Wilhelm III. (* 3. August 1770 in Potsdam; † 7. Juni 1840 in Berlin) gehört dem Adelshaus der Hohenzollern an, war seit 1797 König von Preußen und als Markgraf von Brandenburg bis zur Auflösung des Heiligen Römischen Reiches im Jahre 1806 dessen Erzkämmerer und Kurfürst. Quelle: Wikipedia

4 Boskett (das Boskett, Plural die Bosketten/die Boskette, von französisch le bosquet „Wäldchen", „Gehölz" oder „Dickicht") ist eine Form einer, aufwändig gestalteten Gartenanlage. Ein Boskett ist ein „Lustwäldchen" innerhalb eines geometrischen barocken Schlossgartens, im Anschluss an das Parterre, dessen Baumbestand von Achsen und hohen Hecken gesäumt ist. Quelle: Wikipedia

5 Peter Joseph Lenné (* 29. September 1789 in Bonn; † 23. Januar 1866 in Potsdam) war ein preußischer Gartenkünstler und Landschaftsarchitekt des deutschen Klassizismus. Quelle: Wikipedia

6 Friedrich I. in Preußen (* 11. Juli 1657 in Königsberg; † 25. Februar 1713 in Berlin) war seit 1701 der erste König in Preußen und Markgraf von Brandenburg, Erzkämmerer und Kurfürst des Heiligen Römischen Reiches. Zwischen seiner Inthronisierung als Kurfürst 1688 und der Königskrönung nannte er sich Friedrich III. Quelle: Wikipedia

Magdeburger-Eisenbahn dazu bei, den Lustgarten bei Fertigstellung der Bahn 1838 teilweise südlich von der Havel zu trennen. Nach ihrer Höherlegung Ende des 19. Jahrhunderts wurde der Lustgarten ganz von der Havel abgeschnitten. 1885 stellte man ein Bronzestandbild des Soldatenkönigs Friedrich Wilhelms I. von Carl Hilgers gegenüber dem Marstall an der Parkseite des Lustgartens auf. In dieser Form blieb der Lustgarten bis 1945 nahezu unverändert.

Potsdam.   Kgl. Stadtschloss.   Parade im Lustgarten.

702 L. Saalfeld, Berlin S.W. 29.

Abb. 1 - Der Lustgarten als Paradeplatz vor den Treppenaufgängen des Stadtschlosses, wo heute die Hauptverkehrsstraße durchführt, Aufnahme: Verlag I. Saalfeld Berlin, um 1900

Unmittelbar nach dem Zweiten Weltkrieg erfolgte der Bau eines Sportstadions auf dem Platz des Lustgartens, wodurch dieser in seiner historischen Anlage großflächig zerfiel. Das unbeschädigte Denkmal Friedrich Wilhelms I. wurde demontiert und 1950 auf Anordnung der Brandenburgischen Landesregierung als Buntmetall-

schrott zusammen mit anderen Potsdamer Bronzestandbildern eingeschmolzen.[7]

Im Jahre 1960 kam es auf Initiative der SED im Zusammenhang mit
der geplanten aber nie realisierten Errichtung eines Karl-Liebknecht-
Forums innerhalb des neuen sozialistischen Stadtzentrums zu weiteren einschneidenden Veränderungen. Das schmiedeeiserne klassizis-
tische Gitter, das den Lustgarten nach Westen abschloss, wurde entfernt und später eingeschmolzen, das noch erhaltene Neptunbassin
mit der kaum beschädigten Neptungruppe zugeschüttet und das 1945
ausgebrannte Stadtschloss gesprengt und abgetragen.[8]

In den Jahren von 1966 bis 1969 erfolgte der Bau des Interhotels,
heute: Hotel »**Mercure**«. Die weniger beschädigten Stadtschlossteile
wie die Ringerkolonnade, die einst das Stadtschloss mit dem Marstall
(heute: Filmmuseum Potsdam) verband und ein Giebelrelief, Kapitel-
le[9] und Putten[10] des Schlosses fanden 1970 am unmittelbar zum Hotel angrenzenden, neu errichteten Hafen der Weißen Flotte ihren
Platz.

Anlässlich der Bundesgartenschau 2001 wurde das Ernst-Thälmann-
Stadion beseitigt und der Lustgarten in Anlehnung an die historische
Architektur neu gestaltet. Die Ringerkolonnade und das Neptunbassin wurden restauriert, wobei nur ein kleiner Teil der ursprünglich
dafür verwendeten Figuren wieder aufgefunden werden konnte. Es
entstanden ein Stadtplatz und Gartenanlagen für Sportveranstaltun-
gen und Erholung. Ebenso präsentiert sich nun am Havelufer eine

---

[7] Frank Bauer, Hartmut Knitter, Heinz Ruppert: Vernichtet.Vergessen.Verdrängt. Militärbauten
und militärische Denkmäler in Potsdam, E. S. Mittler & Sohn, Berlin, Bonn, Herford 1993, S.
137, Dokumente des behördlichen Schriftverkehrs zur Denkmalvernichtung 1945-1950 S. 186-
196.

[8] Hans Berg: Die verlorene Potsdamer Mitte, Eigenverlag, Berlin 1999, S. 3/4 und 12.

[9] Das Kapitell, früher auch Kapitäl genannt, ist der obere Abschluss einer Säule, einer Ante,
eines Pfeilers oder eines Pilasters. Quelle: Wikipedia

[10] Eine Putte ist in der Skulptur und Malerei eine Kindergestalt, die meist wenig bekleidet oder
nackt auftritt, mit oder ohne Flügel. Quelle: Wikipedia

vollständig erneuerte Schiffsanlegestelle mit Hafengebäude und Kai-anlage sowie Gastronomie- und Servicebereichen, die einen Start-punkt für zahlreiche Ausflugsfahrten der „Weißen Flotte Potsdam" ins umliegende Havelland erschließt.

Künstlerisch wertvolle Elemente des Karl-Liebknecht-Forums wur-den übernommen. Die Ringerkolonnaden, die einst das Verbin-dungsglied zwischen Stadtschloss und Marstall darstellten, wurden schon zu DDR-Zeiten am Havelufer aufgestellt.

Ein Großteil des Lustgartens wurde speziell für Volksfeste, Jahr-märkte und Messen befestigt und erhielt als Untergrund helle Beton-platten.[11]

Damit entwickelte sich der Lustgarten als neu gestaltetes Gelände zwischen Havelufer und Filmmuseum zunehmend zu einem Veran-staltungsort verschiedenen Typus und erfreut sich bei vielen Men-schen großer Beliebtheit. An seine frühere Funktion als Garten des Stadtschlosses erinnert heute nur noch sein Name. Sein eigentliches Bild verlor der Lustgarten damit endgültig, aber nicht seine Attrakti-vität, d.h. seine Anziehung für verschiedene Events und Aktivitäten. Erst durch die Bundesgartenschau 2001 kam der Lustgarten als Gan-zes wieder in das Gedächtnis der Potsdamer zurück. Bis dahin hatte sich das Gelände in der Nachkriegsgeschichte im Wesentlichen in die Teile Ernst-Thälmann-Stadion, Karl-Liebknecht-Forum, Interhotel und Wilhelm-Külz-Straße (heute: Breite Straße), gegliedert.

1975, mit dem Bau der sechsspurigen Hauptverkehrsstraße B1 - der Wilhelm-Külz-Straße (heute: Breite Straße), die stadtauswärts in Richtung Westen nach Brandenburg führt und mitten durch das his-torische Stadtzentrum verläuft, veränderte sich verständlicherweise das Stadtbild zu Gunsten der städtischen Infrastruktur. Da nur auf diese Weise der Verkehr in Potsdam fließen konnte, obwohl Kritiker meinten, dass dies „bei weitem das Dümmste war, was Stadtplanern

---

[11] Vgl.: http://de.wikipedia.org/wiki/Lustgarten_%28Potsdam%29

einfallen konnte - hatte man nicht nur die alte Mitte, sondern auch den Lustgarten erschlagen"[12].

Architekten warnen eindringlich davor, den Lustgarten weiteren Verkehrsprojekten zu opfern, wie z.B. der nördlich des Hauptbahnhofs im historischen Bereich verlaufenden Innerstädtischen Erschließungsstraße (ISES) und fordern, derartige Pläne auf die Südseite des Bahndammes zu verlagern. Clemens A. Wimmer referierte im Februar 1998 in einer Vortragsveranstaltung der „Studiengemeinschaft" über den Potsdamer Lustgarten, seine Vergangenheit und Zukunft[13] und lieferte diverse Ideen zur Diskussion.

Das Ernst-Thälmann-Stadion von 1949 bis 2001

Das Ernst-Thälmann-Stadion befand sich in der Innenstadt von Potsdam, neben dem heutigen Hotel »**Mercure**« auf dem Gelände des Neuen Lustgartens.

Nach dem Ende des Zweiten Weltkrieges ergab sich die kulturell-sportliche Notwendigkeit der Errichtung eines Sportstadions in Potsdam, das zwischen Marstall und Bahndamm sowie zwischen den Polizeigebäuden der Bauhofstraße (heute: Henning-von-Tresckow-Straße) und der Havel, auf dem ehemaligen Exerzierplatz des Lustgartens am Rande des zerstörtes Stadtschlosses errichtet wurde. Die Bauarbeiten fanden 1948 statt. Polizisten des damaligen PSV Potsdam und viele Helfer der Stadt bauten in ca. 450.000 freiwilligen Stunden aus Trümmern der zerstörten Gebäude in den umliegenden Straßen, des Alten Marktes und des Stadtschlosses Zuschauerränge, technische Einrichtungen, einen Rasenplatz, eine 400-Meter-Laufbahn und weitere Außenanlagen des Stadions – ein historisches Ereignis in dieser Zeit, da es der erste große Sportstättenneubau im

---

[12] Clemens Alexander Wimmer: Der Potsdamer Lustgarten. Herausgegeben von der Stiftung Preußische Schlösser und Gärten Berlin-Brandenburg.Berlin: Edition Hentrich 2004, 90 S., 100 Abb.

[13] Clemens Alexander Wimmer: Der Potsdamer Lustgarten.

Nachkriegsdeutschland war. Durch die Konstruktion der großzügigen 400-Meter-Laufbahn war es als Mehrzweckstadion konzipiert und hatte eine Kapazität von 15.000 Sitzplätzen, von denen 1.000 überdacht waren.[14]

Am 1. Juli 1949 wurden die Anlagen im Stadion das erste Mal mit einem Sportfest der Landespolizeibehörde erprobt. Die große Einweihungsveranstaltung mit 20.000 Zuschauern und einem vielfältigen Programm fand zwei Tage später statt. An den Feierlichkeiten nahmen der 1. Präsident der DDR, Wilhelm Pieck[15], Rosa Thälmann, die Tochter Ernst Thälmanns, der Präsident der Deutschen Verwaltung des Innern, Dr. Kurt Fischer[16] sowie Brandenburgs Ministerpräsident Dr. Karl Steinhoff[17] teil. Initiator war der spätere Organisationschef der Turn- und Sportfeste der DDR, Willi Lehmann. Dem offiziellen Teil der Einweihung durch den Ministerpräsidenten des Landes Brandenburg, Dr. Karl Steinhoff, und der Namensgebung „Ernst-Thälmann-Stadion" folgte der Vorbeimarsch vieler aktiver Teilnehmer, die sich in sportlichen Vergleichen, so im Volleyball, der Leichtathletik, Turnen, Fußball, Gymnastik sowie Handball versuchten. Kraft- sowie Motorradsportler krönten die mehrstündige Eröffnung - und das vor einer riesigen Kulisse im zerstörten Potsdam! In seiner Begrüßungsansprache betonte der Chef der Landespolizeibehörde, Chefinspektor Richard Staimer[18], „Im sportlichen Wett-

---

14 Vgl.: http://www.potsdam-wiki.de/index.php/Ernst-Th%C3%A4lmann-Stadion

15 Friedrich Wilhelm Reinhold Pieck (* 3. Januar 1876 in Guben; † 7. September 1960 in Berlin) war ein deutscher Politiker, Sozialdemokrat und später Kommunist. Er war Mitbegründer der SED und von 1949 bis zu seinem Tode 1960 der einzige Präsident der DDR. Quelle: Wikipedia

16 Kurt Fischer (* 1. Juli 1900 in Halle (Saale); † 22. Juni 1950 in Bad Colberg) war ein deutscher Politiker der KPD und SED. Quelle: Wikipedia

17 Karl Steinhoff (eigentlich Carl) (* 24. November 1892 in Herford; † 19. Juli 1981 in Wilhelmshorst) war Ministerpräsident des Landes Brandenburg und Minister des Inneren der DDR. Quelle: Wikipedia

18 Richard Staimer (* 25. Januar 1907 in München; † 24. Oktober 1982 in Ost-Berlin) war ein deutscher Kommunist, Spanienkämpfer und Generalmajor der NVA. Er war von 1955 bis 1963 Vorsitzender des Zentralvorstandes der Gesellschaft für Sport und Technik (GST). Quelle: Wikipedia

kampf sollen hier die Kräfte für den Frieden und für die Einheit ge-
stählt werden. Das ist Zweck und das Ziel unseres Stadions"[19], was
in den Folgejahren uneingeschränkte Realität wurde.

Das Stadion wurde Heimstätte des Polizeisportvereins SG Volkspolizei Potsdam, und mehrerer Leichtathletikverbände. Später diente es
den Fußballdamen der Turbine Potsdam jahrelang als Sportstätte,
wurde aber auch für verschiedene kulturelle Veranstaltungen (Zirkus,
Pressefeste, Friedensfahrt, Maifeierlichkeiten u.a.) genutzt. Es passte
logistisch optimal in das zentrale Stadtbild.

Potsdam, Stadion, Blick zur Tribüne

**Abb. 2 - Ansichtskarte des „Ernst-Thälmann-Stadions" im Lustgarten, Aufnahme: VEB
Reprocolor Leipzig um 1960**

---

[19] Hans-Dieter Behrendt zum ehemaligen Ernst-Thälmann-Stadion in Potsdam, 2008.

Sportler trainieren für Olympia

In den ersten Jahren nach der Errichtung wurde das Stadion vorrangig von Polizisten und den Leichtathleten genutzt. Mancher, der hier hart trainierte, gelangte zu internationalen und olympischen Ehren, denn nach der Gründung der Sportvereinigung „Deutsche Volkspolizei" am 3. April 1950, befand sich im Ernst-Thälmann-Stadion der Leichtathletikschwerpunkt. Zu diesen Sportlern, die in der Havelstadt mit der Leichtathletik begannen, gehören z.B. Christa Fischer-Stubnick (zweifache Silbermedaillengewinnerin 1956 im Sprint), Dr. Helfried Reinnagel, Willi Bromberger, Gottfried Springer, Werner Iden, Herbert Büsser, Ilona Slupianek (Olympiasiegerin im Kugelstoßen 1980) und auch der vierfache Bobolympiasieger Kevin Kuske erlernte hier das Sprinten. Erinnert wird in diesem Zusammenhang auch an die Leichtathletin Hilde Schreyer aus Potsdam, die 1952 den 80-Meter-Hürdenrekord der DDR auf 11,9 Sekunden verbesserte, oder an die 4x100m Staffel der Volkspolizei, die 1949 einen Rekord in 43,3 Sekunden lief und außerdem an die Volkspolizei-Fußballer, die Anfang der fünfziger Jahre ihre Ligapunktspiele im Ernst-Thälmann-Stadion austrugen.

Ein Mehrzweckstadion im Stadtzentrum Potsdams

Nach dem Umzug der Spitzenleichtathletik in das Sportforum Berlin-Hohenschönhausen gehörte das Stadion in Potsdam vorrangig dem sportlichen Nachwuchs. Auch wenn nun die besten Leichtathleten in der Hauptstadt der DDR Berlin bzw. später im Luftschiffhafen Potsdam trainierten, gab es im Ernst-Thälmann-Stadion dennoch internationalen Sport zu erleben, wie z.B. Länderkämpfe und sogar einen Europarekord von Manfred Preußger aus Leipzig am 19. Mai 1957 im Stabhochspringen mit 4,52 Meter. Auch die Fußballerinnen von Turbine Potsdam trugen hier vor ansehnlicher Zuschauerkulisse einige Spiele aus. Ein großes Erlebnis für Potsdam und das Stadion war die Verabschiedung der Übungsverbände zu den Turn- und Sportfesten der DDR in Leipzig.

Neben der sportlichen Nutzung, fanden auch andere Veranstaltungen, wie die Sommerfilmtage, Musikveranstaltungen, Ausstellungen und Kulturereignisse statt. Mitte der sechziger Jahre begann im Ernst-Thälmann-Stadion auch die Erfolgsgeschichte des 1963 gegründeten Potsdamer Fanfarenzuges, der für Potsdam viele nationale- und internationale Meistertitel erspielen konnte.

Von 1990 bis 1992 war das Stadion Austragungsstätte der „Challenge-Days", bevor 1993 – zur Tausendjahrfeier von Potsdam, mit der großen Polizeischau „Pots1000-Treffpunkt Polizei", eine Reihe großer Veranstaltungen vor ca. 5.000 – 7.000 Zuschauern ausgetragen wurde. Unter den prominenten Sportlern war auch die erfolgreichste deutsche Olympiateilnehmerin, die Kanutin Birgit Schmidt. Selbst Rugby im Stil des American Football wurde hier viele Jahre gespielt.

Neben unzähligen Schulsportfesten wurde dort auch der jährlich stattgefundene Staffellauf der regionalen Tageszeitung „Märkischen Volksstimme" ausgetragen. Es gibt wohl kaum Potsdamer oder Potsdamerinnen, die in ihrer Schulzeit an diesem Ort nicht mitliefen.

Die Internationale Friedensfahrt im Ernst-Thälmann-Stadion

Ausgebucht war das Stadion immer zu den Friedensfahrten, die mit drei Zielsprints 1966, 1970 und 1973 hier stattfanden. Die Prämiensprints des „Course de la Paix" führten noch am Stadion vorbei und wurden auf der Wilhelm-Külz-Straße (heute: Breite Straße) ausgetragen.

Der längste Tagesabschnitt der 14. Etappe der Friedensfahrt 1966 wurde zwischen Schwerin und Potsdam am 24. Mai ausgetragen und hatte eine Länge von 246 Kilometern. Sieger in Potsdam war Ján Wenczel (ČSSR[20]) mit einer Zeit von 6:13:18 Stunden.

1970 war die Bezirkshauptstadt Ziel der 11. Etappe von Frankfurt (Oder) nach Potsdam. Es gewann Krzysztof Stec aus Polen. Für die

---

[20] Die Abkürzung ČSSR steht für: den historischen Staat Tschechoslowakische Sozialistische Republik.

137 km benötigte er 3:16:03 Stunden. Am folgenden Tag fiel am Lustgarten der Startschuss für die 165 km der 12. Etappe nach Halle (Saale). Dort siegte der DDR-Radsportler Axel Peschel in 3:50:40 Stunden.

Letztmalig gewann am 25. Mai 1973 auf der Aschenbahn im Ernst-Thälmann-Stadion nach 156 km in 3:46:01 Stunden der Belgier Theo Dockx die 15. Etappe. Am nächsten Tag startete die 16. Etappe mit 86 km von Potsdam nach Berlin, deren Sieger Waleri Lichatschow aus der Sowjetunion wurde.

Die große Radsportlegende - „Täve" Schur erspurtete sich bei einer DDR-Rundfahrt in den fünfziger Jahren im Ernst-Thälmann-Stadion einen Sieg. Ende der achtziger Jahre wurden die Anlagen, einschließlich Rasenplatz des Ernst-Thälmann-Stadions noch einmal für knapp 2 Millionen Mark umfangreich modernisiert.

1997 startete „Täve" als Organisator die 50. Auflage der Friedensfahrt in der Landeshauptstadt Potsdam. Den Start zur 50. Friedensfahrt verfolgten mehr als 60.000 begeisterte Radsportanhänger an den Potsdamer Straßen.

Im Mai 2001 beendeten 22 Mannschaften die 54. Internationale Friedensfahrt in der brandenburgischen Landeshauptstadt Potsdam. Am Filmmuseum in der Breiten Straße begann gegen 16 Uhr der Endspurt. Manfred Stolpe, der damalige Ministerpräsident vom Land Brandenburg, überreichte dem Gesamtsieger eine Stunde später den Lorbeerkranz. Für Potsdam als letztes Etappenziel sprachen seinerzeit die Tradition der Radrennen und die für 2001 zu organisierende Bundesgartenschau.

Abb. 3 - 1970 fiel der Startschuss für die 165 km zur 12. Etappe der Friedensfahrt nach Halle (Saale), Aufnahme: Privat, Jörg Fröhlich

Königin Beatrix I. der Niederlande besucht Potsdam

Im April 1991, mit dem Besuch der niederländischen Königin, erfüllten sich Wünsche und Hoffnungen der im Holländischen Viertel verbliebenen Bewohner und vieler Hollandfans zur Rettung des Viertels.

Für die erste Landesregierung Brandenburgs nach der Wende von 1989 war es auch der erste Besuch eines gekrönten Staatsoberhauptes. Es war nicht klar, wie man protokollgerecht eine Königin in Empfang nimmt, wie man sie anspricht und wie angemessen das Besichtigungsprogramm sein muss. Zu jenem Zeitpunkt war das Holländische Viertel, welches selbstverständlich ganz oben auf dem Programm stand, nur partiell besichtigungstauglich, da der Großteil der Häuser in einem verfallsähnlichen Zustand war.

Im Ernst-Thälmann-Stadion landete Königin Beatrix der Niederlande in Begleitung vom damaligen Bundespräsidenten Richard von Weizsäcker mit einem Hubschrauber. Bei der Landung wurden Kunststoffbeläge des Sportplatzes herausgerissen und diverse Flutlichtlampen zerstört.

Die holländische Königin wurde anschließend durch das Holländische Viertel geführt. Empfang war am heutigen Kniesche-Sanitätshaus[21] an der Friedrich-Ebert-Straße Ecke Mittelstraße. Der Spaziergang verlief durch die Mittelstraße bis zur Kreuzung am unsanierten „Fliegenden Holländer" vorbei, um dann in die Benkertstraße Richtung Bassinplatz abzubiegen. Diese Strecke erfüllte alle protokollarischen Anforderungen. Der Weg war kurz und schnell. Die Königin sah hauptsächlich sanierte Häuser, wenig Zerfallenes, da sich die Ruinen hauptsächlich im „unsichtbaren" Teil des Holländischen Viertels befanden und durch die jubelnde brandenburgische Bevölkerung bestens abgeschirmt wurden.

Der Abriss des Stadions

In den Nachwehen der Ereignisse des 9. November 1989 wurden verstärkt Anstrengungen einiger Stadtverordneter unternommen, dieses Stadion dem Erdboden gleichzumachen und den barocken Lustgarten des Schlosses wieder herzustellen. Ob dies ein richtiger Gedanke war, soll hier nicht erörtert werden. Wohin die beim Bau aufgefüllten Schuttreste der Tribünen verbracht wurden, ist mir nicht bekannt.

Zwischen 1989 und 2001 erfolgte die Neugestaltung dieses Areals. 1999, anlässlich der Bundesgartenschau 2001 in der Stadt Potsdam, wurde es dann abgetragen, ohne aber eine gleichwertige Alternative

---

[21] 18/4 von Muller & Co. in Berlin gegrundete Orthopadische Werkstatt. Im 2. Weltkrieg zerstört und nach 1945 durch Herbert Koser in Potsdam wieder aufgebaut. Herbert Fischer führte die Tradition weiter. 1990: Übernahme durch die orthopädischen Werkstätten, die das Sanitätshaus mit breiterem Angebot erweiterten.

zu haben. Plötzlich standen viele Sportvereine und Trainingsgruppen ohne Sport- und Trainingsanlage da.[22]

Mit der Vergabe der Bundesgartenschau vom 21. April bis zum 7. Oktober 2001 zu Gunsten der Stadt Potsdam, hatte die Schau für ihr dezentrales Konzept eine besondere Kulisse zur Verfügung – die Altstadt Potsdams. Dazu wurden Plätze, Straßen und Gartenanlagen restauriert, die im Laufe der Jahre gelitten hatten. Vor allem das ehemalige Ensemble: Alter Markt, Stadtschloss und Lustgarten, sollte seinen früheren Glanz teilweise zurückbekommen und Besucher zum Verweilen anregen. Bei der Neugestaltung des Lustgartens wurde auf alte Pläne und Baustrukturen zurück gegriffen, die bereits im 17. Jahrhundert einen kulturhistorischen Leckerbissen geboten hatten. Hinzu kamen neue Wege, Spielflächen und grüne Oasen, die Einwohnern und Gästen auch in Zukunft als Blickfang und Erholungsstätte dienen sollen.

Das Karl-Liebknecht-Forum

Das Karl-Liebknecht-Forum bestand aus zwei Teilen: der Plastik „Karl Liebknecht – Herz und Flamme der Revolution" von Theo Balden und einer Bildwand von K. H. Kühn, die von einer Reihe Betonkolonnaden und einer Stufenanlage zusammengefasst wurden. Die Plastik „Herz und Flamme der Revolution" steht heute vor dem Hotel »**Mercure**« am Stadthafen.

Das Karl-Liebknecht-Forum wurde Anfang 1980 im Zuge des Ausbaus der damaligen Wilhelm-Külz-Straße (heute: Breite Straße) an der Nordseite des Ernst-Thälmann-Stadions, vis à vis dem Marstall errichtet. Die sechs Mosaikwände waren als ein geschlossenes Ganzes zusammengefügt, die leicht erhöht über Stufen zu erreichen war. Die Wand zeigt die Geschichte der revolutionären deutschen Arbei-

---

[22] Vor 60 Jahren, am 3. Juli 1949, wurde das Ernst-Thälmann-Stadion eingeweiht – es war für Potsdam viel mehr, als nur eine Sportstätte – ein kurzer Abriß, von Gerhard Pohl, 2009.

terbewegung sowie das Leben von Karl Liebknecht[23], der 1912 in Potsdam zum Reichstagsabgeordneten gewählt wurde.

Auf deren linken Seite befand sich gleichfalls erhöht die Plastik „Herz und Flamme der Revolution". Auf Beschluss des Politbüros der DDR vom 16. April 1968 bildete das Karl-Liebknecht-Forum einen Bestandteil der Planung des Potsdamer Stadtzentrums. In der Sitzung des Rates der Stadt Potsdam vom 12. Juli 1968 wurde ein städtebaulich - architektonisch - bildkünstlerischer Wettbewerb für die Schaffung des Gesamtkomplexes „Karl-Liebknecht-Forum" festgelegt. Der spätere Beschluss der Potsdamer Bezirksleitung der SED vom 7. Dezember 1973 sah eine Konzeption für den Aufbau der Wilhelm-Külz-Straße (heute: Breite Straße) bis 1980 einschließlich des Karl-Liebknecht-Forums vor. Zum 10. Januar 1974 erfolgte die Bestätigung durch den Rat des Bezirkes Potsdam.

Zwei Jahre später konnten und mussten die einzelnen Mosaikwände sowie die Plastik aus Denkmalschutzgründen wieder aufgestellt werden. Um das DDR-Denkmal den Blicken der Öffentlichkeit dennoch zu entziehen, wurde es hinter den Lustgarten versetzt.[24]

Entsprechend eines weiteren Beschlusses der Stadt Potsdam zur Finanzierung des Vorhabens sollte danach das Forum bis 1979/80 fertig gestellt sein. 1979 begannen planmäßig die Bauarbeiten für das Forum nach einem gemeinsamen Entwurf von M. Kranz, W. Funcke und B. Schwabe.

---

[23] Karl Paul August Friedrich Liebknecht [1] (* 13. August 1871 in Leipzig; † 15. Januar 1919 in Berlin) war ein prominenter Marxist und Antimilitarist zu Zeiten des Deutschen Kaiserreiches. Seit 1900 Mitglied der Sozialdemokratischen Partei Deutschlands, war er von 1912 bis 1916 einer ihrer Abgeordneten im Reichstag, wo er den linksrevolutionären Flügel der SPD vertrat. Ab 1915 bestimmte er zusammen mit Rosa Luxemburg wesentlich die Linie der Gruppe Internationale. 1916 wurde er wegen seiner Ablehnung der Burgfriedenspolitik aus der SPD-Fraktion ausgeschlossen und dann fast bis zum Ende des Ersten Weltkriegs inhaftiert. Quelle: Wikipedia

[24] http://www.potsdamwiki.de/index.php/Karl-Liebknecht-Forum

Abb. 4 - Der Flammenbaum als Teil des Karl-Liebknecht-Forums an der Breiten Straße, Aufnahme: VEB Bild und Heimat Reichenbach (Vogtl.) um 1980

Zur Einweihungsfeier am 20. Dezember 1983 wurde eine Zeitkapsel mit folgender Botschaft in den Boden eingelassen:

„Karl Liebknecht ist niemals gefallen. Er ist in uns Gestalt. Unser Gesang. Er verkörpert unsere Liebe, unseren Bruderkuss - aber auch unsere Faust gegenüber dem Feind. Karl Liebknecht heißt Herz und Flamme der Revolution, die wir weitertragen, hinein in das 21. Jahrhundert.“

Im Zuge der Umgestaltung des Lustgartens 2001 ließen die Verantwortlichen der Stadt Potsdam das Forum im Jahr 1999 abtragen. Das Karl-Liebknecht-Denkmal war:

„ein Sinnbild für das Weiterleben der revolutionären, die Welt verändernden Gedanken. Um das auszudrücken, hat der Künstler den verschiedenen Erscheinungen der Bewegung des Lebens in der Natur nachgespürt... Angeregt durch das Erleben der Natur, wählt der Bildhauer für das Denkmal eine Gestalt, die aus zwei Teilen besteht: aus einem windzerzausten, aber knorrig aufragenden Baum und aus einem vom Sturm abgeknickten abgestorbenen Baum; aus einer Flamme, die frei auflodert, und aus einer Flamme, die sich am Boden krümmt und erstickt. Der geknickte Teil des Flammenbaumes steht [...] für die Opfer der Revolution... Im Gegensatz zu diesen ersterbenden Formen bewegt sich alles in dem aufgerichteten Flammenbaum... In all die vielgestaltigen und flutenden Bewegungen bettet der Künstler zwei runde, ruhende Formen. Er nennt sie das ‚Auge der Hoffnung‘ und das ‚Auge des Wissens‘. Von den Hoffnungsströmen getragen wie ein Boot von den Wellen des Meeres, fügt sich der Kopf Karl Liebknechts in die emporragenden, flammenden Formen ein. Er ist im Kampf gegen die Reaktion gefallen, ermordet worden, doch seine Ideen und Gedanken leben fort.“[25]

Hier deutet sich ein Problem der Plastik an. Diese Anlage war keine Stätte, des stillen Gedenkens, sondern vermittelt den Eindruck von ruheloser Bewegung.[26]

---

[25] Der Fisch mit der hohen Stirn. Ein Streifzug durch die Bildhauerei, von K. Bilang, Berlin 1985

[26] http://linkekunst.blogspot.de/2007/05/potsdam-karl-liebknecht-forum.html

Abb. 5 - Der Flammenbaum des Karl-Liebknecht-Forums, der sich heute hinter dem Hotel »Mercure« in der Nähe des Stadthafens befindet, Aufnahme von 2012

Abb. 6 - Der Flammenbaum des Karl-Liebknecht-Forums am Stadthafen hinter dem Hotel »Mercure« , Aufnahme von 2012

Abb. 7 - Das Karl-Liebknecht-Forums am Neptunbecken in der Nähe des Potsdamer Stadthafens, Aufnahme von 2013

Abb. 8 - Mosaik des Forums mit Karl Marx und Friedrich Engels, Aufnahme von 2015

Vom »Interhotel Potsdam« zum »Mercure Hotel Potsdam City«

Die Interhotels in der DDR

Die Vereinigung „Interhotel" wurde zum 1. Januar 1965 gegründet. Interhotels gab es in allen größeren Städten der 15 DDR-Bezirke (einschließlich Berlin). Entsprechend dem Beschluss des Sekretariats des ZK der SED vom 2. September 1987 über die „Schaffung weiterer Hotelkapazitäten in der DDR für den organisierten Tourismus aus dem Nichtsozialistischen Wirtschaftsgebiet (NSW) und Grundsätze für deren effektive Nutzung" wurden verstärkt weitere Interhotels errichtet. Diese Hotels standen unter Kontrolle der Hauptabteilung VI des Ministeriums für Staatssicherheit (MfS), Abteilung Touristik und der fachlichen Anleitung des Ministeriums für Handel und Versorgung und des Bereichs Kommerzielle Koordinierung (KoKo) mit vorrangiger Aufgabe der Devisenbeschaffung. Jedes Interhotel hatte zur zusätzlichen Devisenbeschaffung auch einen Intershop, so auch Potsdam[27].

Durch das Anwachsen des Tourismus wurde es notwendig die Hotelkapazität wesentlich zu erhöhen. So wurden in den sechziger Jahren viele neue Hotelbauten errichtet. Nahezu alle diese Bauten nahmen eine zentrale Stelle im zentrumsnahen Bereich der Städte ein.

Die Interhotels wurden nach der Wende unter der Treuhandanstalt durch die Interhotel AG weitergeführt und 1992 schließlich an die Klingbeil-Gruppe verkauft.

---

[27] Intershop war Einzelhandelskette in der DDR, deren Waren nur mit konvertierbaren Währungen, später auch mit Forumschecks, jedoch nicht mit Mark der DDR bezahlt werden konnten. Ein unvermeidbarer Nebeneffekt war, dass der DDR-Normalverbraucher einen begrenzten Einblick in das Warenangebot des Westens bekam. Quelle: Wikipedia

Übersicht der Interhotels in der DDR seit 1965

Ort	Bezeichnung des Hotels (Eröffnung)	Straßenbezeichnung - vor 1989	Aktuelle Situation nach 1990
Berlin	Grand-Hotel (1987)	Unter den Linden/ Friedrichstraße	bis 1992 Interhotel AG, jetzt Westin Grand*
	Palasthotel (1979)	Karl-Liebknecht-Straße	Neubau des DomAquarree mit Radisson SAS*
	Hotel Metropol (1977)	Friedrichstr.	bis 1992 Interhotel AG, jetzt Maritim pro Arte*
	Domhotel (1990)	Gendarmenmarkt	bis 1992 Interhotel AG, seit 1992 Hilton Berlin*
	Interhotel Stadt Berlin (1970)	Alexanderplatz	bis 1992 Interhotel AG, jetzt Park Inn Alexanderplatz
	Interhotel Unter den Linden (10. Juni 1966)	Unter den Linden	
	Interhotel Berolina (1964 als HO-Hotel, 1965 Interhotel)	Karl-Marx-Allee	1996 abgerissen bzw. in ein Stadtbezirksrathaus umgebaut
Dresden	Hotel Bellevue (1985)		bis 1992 Interhotel AG, jetzt Westin Bellevue*
	Hotel Dresdner Hof (1990)		seit 1992 Hilton Dresden*
	Hotel Newa (1969)	Leningrader Straße	bis 1992 Interhotel AG, seit 1992 Mercure Newa Dresden
	Hotel Astoria (1965)	Ernst-Thälmann-Platz	1992 geschlossen, abgerissen

	Motel Dresden	Münzmeisterstr.	1967 eröffnet; abgerissen
	Hotel Lilienstein (1969)	Prager Straße	bis 1992 Interhotel AG, seit 1992 Ibis Dresden Lilienstein
	Hotel Königstein (1969)	Prager Straße	bis 1992 Interhotel AG, seit 1992 Ibis Dresden Königstein
	Hotel Bastei (1969)	Prager Straße	bis 1992 Interhotel AG, seit 1992 Ibis Dresden Bastei
Erfurt	Erfurter Hof (1965)	Am Bahnhofsvor-platz	bis 1992 Interhotel AG, seit 1995 geschlossen
	Hotel Kosmos (1980)		bis 1992 Interhotel AG, seit 1992 Radisson SAS Erfurt
Gera	Interhotel Gera (1967)	Straße der Repu-blik	bis 1992 Interhotel AG, Anfang 1997 abgerissen
Halle	Interhotel Stadt Halle (1966)	Ernst-Thälmann-Platz	seit 1992 = Maritim Hotel Halle
Jena	Interhotel International (1965)	Ernst-Thälmann-Ring	bis Anfang der 80er Jahre Interhotel DDR, in den neunziger Jahren abgerissen
Karl-Marx-Stadt **heute: Chemnitz**	Interhotel Kongress (1974)	Karl-Marx-Allee	seit 1992 = Mercure Kongress
	Interhotel Chemnitzer Hof (1965)	Theaterplatz	1952-1964 HO, 1965-1992 Interhotel, seit 1992 Chemnitzer Hof

	Interhotel Moskau (1962)	Straße der Nationen	bis 1992 Interhotel AG, seit 1992 Günnewig Hotel Europa
Leipzig	Interhotel Astoria (1965)	Platz der Republik	1990-1992 Interhotel AG, seit 1997 geschlossen
	Hotel Deutschland (seit 1972/73 Hotel Am Ring)	Karl-Marx-Platz	seit 1992 von Accor als Mercure am Augustusplatz
	Interhotel Stadt Leipzig (1964)	Richard-Wagner-Straße	bis 1992 Interhotel AG, danach Neubau: Novotel
	Interhotel International (1965)	Tröndlingring	Hotel Fürstenhof, Starwood Luxury Collection
	Interhotel Zum Löwen (1965)	Breitscheidtstraße	seit 1995 Holiday Inn
	Interhotel Am Ring (1964, seit 1965 Interhotel)	Karl-Marx-Platz	seit 1992 von Accor als Mercure am Augustusplatz
	Interhotel Merkur (1981)	Gerberstraße	1990-1992 Interhotel AG, jetzt The Westin Leipzig
Magdeburg	Interhotel International (1963 HO, 1965-1990 Interhotel)	Otto-von-Guericke-Straße	seit 1992 Maritim Hotel Magdeburg
Neubrandenburg	Hotel Vier Tore (Anfang siebziger Jahre)		Radisson SAS Hotel Neubrandenburg

Oberhof	Interhotel Panorama (1969)	Theodor-Neu-bauer-Straße	Ramada-Treff Hotel Panorama
Potsdam	Interhotel Potsdam (1969)	Lange Brücke	bis 1992 Interhotel AG, seit 1992 Mercure Potsdam
Rostock	Interhotel Warnow (1967)	Lange Straße	Neubau Radisson SAS Hotel Rostock
	Hotel Neptun (1971/72)	Rostock-Warnemünde	bis 1990 Vertragshotel der HO
Schwerin	Interhotel Stadt Schwerin	Grunthalplatz	InterCityHotel Schwerin
Suhl	Interhotel Thüringen-Tourist (1968)	Ernst-Thälmann-Platz	1990-1992 Interhotel AG, jetzt Hotel Thüringen
Weimar	Interhotel Elephant (1966)	Am Markt	1955-1966 HO, danach Interhotel, 1990-1992 Interhotel AG, Starwood Luxury Collection
	Hotel Belvedere (1992)		1990 im Bau, seit 1992 Hilton Weimar*

*Hinweis: * sogenanntes „Devisenhotel", das nicht für Übernachtungsgäste mit DDR-Mark vorgesehen war.* [28]

---

[28] Vgl. http://www.ddr-wissen.de/wiki/ddr.pl?Interhotel

Das »Interhotel Potsdam« von 1967 bis 1989

Am Rande des historischen Lustgartens entstand in den Jahren 1967 bis 1969 das von einem Architektenkollektiv unter der Leitung von Sepp Weber entworfene »**Interhotel Potsdam**« an der Langen Brücke, heute das Hotel »**Mercure Potsdam**«.[29]

Abb. 9 – Vom Hauptbahnhof kommend der Blick über die Lange Brücke auf den Marstall und die Garnisonkirche, Aufnahme: Postkartenverlag Kurt Mader Berlin-Karlshorst, 1965

Mit der Grundsteinlegung des Interhotels am 31. Mai 1967 sollte es als erstes Hochhaus der Nachkriegszeit für den Beginn einer intensiven Neubebauung der Stadt Zeichen setzen und fortan die Stadtsilhouette prägen. Mit diesem Neubau wurde ein erstes bedeutendes Bauvorhaben unter Nutzung der Plattenbauweise errichtet.

---

[29] Jung, Karin Carmen: Potsdam, Am Neuen Markt: Ereignisgeschichte, Städtebau, Architektur, 1999.

Abb. 10 - Rohbau des Interhotels mit Baukran, Aufnahme von Michael Müller, 1969

Abb. 11 - Blick vom Dach des Hotel-Rohbaus auf den Alten Markt, Aufnahme von 1969

Abb. 12 - Blick vom Hotel „Mercure" auf den Alten Markt, Aufnahme von 2014

Abb. 13 - Blick in das Stadthafenbecken und auf den Brauhausberg, Aufnahme von 1969

Abb. 14 - Blick in das Stadthafenbecken und auf den Brauhausberg, Aufnahme von 2014

Das »**Interhotel Potsdam**« war, als es am 1. Mai 1969 an der Langen Brücke eröffnet wurde, ohne Zweifel ein Prestigeobjekt der DDR-Tourismusindustrie und ein wesentlicher Bestandteil des neuen Stadtzentrums von Potsdam.[30] Seit den siebziger Jahren bis 1989/90 wurde das Hotel auch durch den FDGB (Freier Deutscher Gewerkschaftsbund) genutzt. Danach gab es entsprechend der politischen Wende von 1989 in der Bewirtschaftung dieser Einrichtungen, worauf später intensiver eingegangen wird, eine Änderung. Doch nun nochmal zurück zur Geschichte des Interhotels von Potsdam.

Der bis dahin jüngste Hoteldirektor in der DDR, Hellmut Fröhlich (nicht verwandt mit dem Autor) stand bis 1971 an der Spitze des »**Interhotels Potsdam**«. In dieser Funktion folgte ihm Herbert Altnickel bis 1987, anschließend Bernd Bock, der über die Wendezeit bis in die neunziger Jahre hinein das Hotel leitete.

In der Jubiläumsausgabe „20 Jahre Hotel Potsdam" von 1989 ließen die ehemaligen Direktoren des Hotels ihre Erinnerungen aufleben.

So schrieb Hellmut Fröhlich, von 1967 bis 1971 Hoteldirektor in Potsdam folgendes:

„Als wäre es gestern gewesen, so erinnere ich mich heute noch an viele bleibende Erlebnisse während meiner 4-jährigen Tätigkeit im Interhotel „Potsdam".

Herausfordernd [...] war es für unser junges Kollektiv, die Verantwortung für den Aufbau und die Inbetriebnahme sowie Nutzung des Hotels zu tragen [...] Die Eröffnung fand im Beisein des amtierenden Generaldirektors, [...] Herbert Altnickel, des Stellvertreters des Ministers für Handel und Versorgung (...) Lemke statt"

---

[30] Gebaut!: Architekturführer Potsdam - Seite 26.

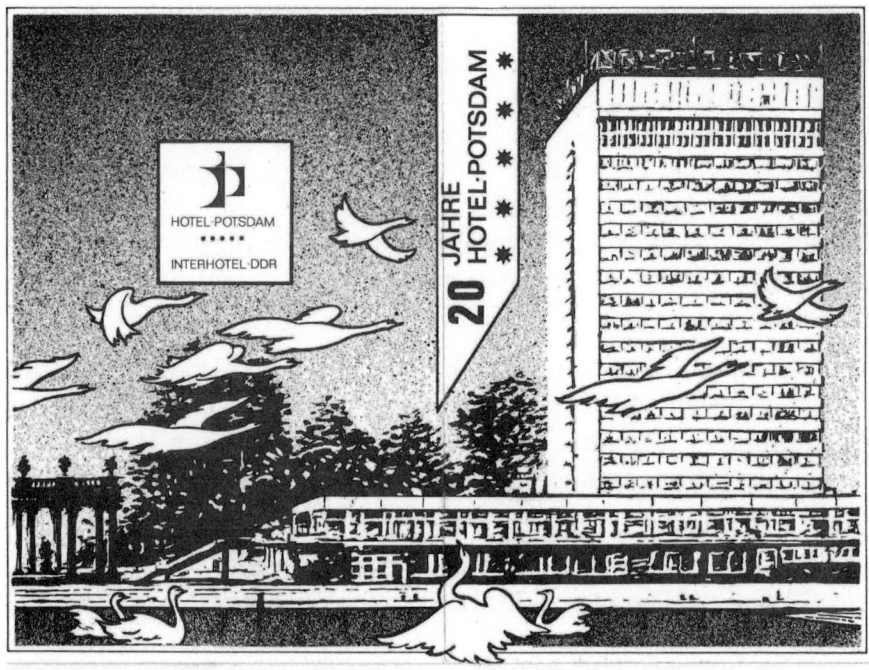

Abb. 15 - Cover der Jubiläumsausgabe des Hotels zum 20-jährigen Bestehen des Interhotels Potsdam, 1989

Herbert Altnickel, Direktor im »**Interhotel Potsdam**« von 1971 bis
1987, erinnerte sich wie folgt an seine Zeit:

> *„Es ist längst bewiesen, dass mit Errichtung des Hotels ‚Potsdam'*
> *nicht nur ein für die Silhouette unserer Bezirksstadt markantes*
> *Bauwerk geschaffen wurde. [...] Nach vollzogenem Anlauf wurde*
> *dem Hause eine Aufgabe völlig neuen Inhaltes übertragen. Ab Juli*
> *1972 wurde die ständige Betreuung von 200 FDGB-Feriengästen*
> *aufgenommen. Anfängliche Skepsis wurde schnell überwunden.*
> *Vielgestaltige Maßnahmen schufen Bedingungen für längeren Ur-*
> *laubsaufenthalt in Potsdam. [...]Der Auslastungsgrad des Hauses*
> *erreichte Spitzenwerte [...].*

Zur Entlastung wurde das [...] Inselcafé und Teehaus übernommen. Die X. Weltfestspiele waren Anlass zum Ausbau der Freundschaftsinsel. Friedrich Ebert eröffnete 1973 das Inselcafé. Sowjetische Genossen lieferten und montierten im ehemaligen ‚Schwanenhaus' die russische Teestube. [...]. 1976 wurden ‚Serbia-Grill' und die 17. Etage umgestaltet. [...] Es gab Patenschaften mit dem MS [Motorschiff] ‚Potsdam' [...] Das Inselcafé besitzt das ‚Blaue T'[31] und das Café ‚Bellevue' die Arthur-Becker-Medaille in Silber. "[32]

Abb. 16 - Das „Inselcafé" auf der Freundschaftsinsel, heute befindet sich hier das „Daily Coffee – Insel-Café", Aufnahme: PGH Foto-Studio Potsdam, 1974

---

[31] Das „Blaue T", war eine Auszeichnung des Zentralrats der Freien Deutschen Jugend (FDJ) für gastronomische und Freizeiteinrichtungen mit besonderen Verdiensten um den Jugendtanz. Quelle: MAZ Potsdamer Stadtkurier, 25.10.2011

[32] 20 Jahre Hotel Potsdam, von Bernd Bock, 1987/89

Abb. 17 - Blick von der Freundschaftsinsel zum »Interhotel Potsdam« (links) und
Nikolaikirche (rechts), Aufnahme um 1980: aus der Jubiläumsausgabe des Hotels von
1989

Abb. 18 - Die ehemalige »Russische Teestube« auf der Freundschaftsinsel, Aufnahme
von 2014

Abb. 19 - Dieses Modell wurde Ende Mai 1968 von der Stadtverordnetenversammlung bestätigt, Aufnahme: Tageszeitung „Neues Deutschland" (ND) vom 29. Mai 1968

Bei der Planung des 55 Meter hohen Hotels gliederten die Architekten das »**Interhotel Potsdam**« in einen Flachbaukörper (ca. 37.000 x 68.000) und in den Bettenhochhauskörper (ca. 16.500 x 31.000 mm). Der Flachbaukörper, als Keller- und Erdgeschoß, wurden auf Pfahlgründungen in Stahlbetonskelettkonstruktion errichtet.

Das 13-geschossige Bettenhaus, auf einer Stahlbetongründungsplatte stehend, wurde aus Wohnungsbauelementen errichtet. Der Flachbaukörper und Gaststättentrakt aus Stahl, Glas und Kieselwaschputz an seinen Außenflächen gestaltet.

Abb. 20 - Die Empfangshalle des »Interhotel Potsdam«, Aufnahme: VEB Bild und Heimat Reichenbach (Vogtl.), von 1970

Der Empfangsbereich erhielt solide, funktionsgerechte Materialien, wie Natursteinboden, holzverkleidete Wände, aber auch weiße Putzwände sowie die im gesamten Gaststättenbereich wiederkehrende

Profilstuckdecke. Die Empfangszone behielt das Gepräge einer großflächigen Glasfront, wobei die Südseite der Empfangshalle durch eine Betonglaswand abgeschlossen wurde. In der einladenden Hotelhalle befanden sich Souvenirverkauf und Shop, der Service und das Verkaufsbüro.

Der gastronomische Höhepunkt des Hotels war das Restaurant »**Fortuna**« - benannt nach dem Fortunaportal des Stadtschlosses, das sich auch in der gediegenen Gestaltung ausdrückte, mit synthetischem Fußbodenbelag in gutem Kontrast zum Mobiliar. Die Wände wurden mit Holz verkleidet, teilweise weiß gestrichen oder auch nur geputzt. Im anschließenden variabel nutzbaren Restaurant »**Arabeske**« wurde internationale Küche geboten. Nahe des Restauranteingang wurde eine Stützsäule bildhauerisch besonders kreativ eingesetzt.

Abb. 21 - Das Restaurant „Sanssouci" im Flachbau des Hotels, Aufnahme: VEB Bild und Heimat Reichenbach (Vogtl.), 1977

Abb. 22 - Die Bar „Café-Bellevue-Bar" im 16. Obergeschoss des Interhotels Potsdam, Aufnahme: PGH Rotophot Fototechnische Werkstätten Bestensee, 1972

An das Restaurant schlossen sich die Salons »**Sanssouci**« und »**Schinkel**« in klassischer Gestaltung mit besonderem Ambiente an, die vom Restaurant über die gesamte Wandbreite durch eine Schiebetür separiert werden konnte.

Die Selbstbedienungsgaststätte »**Quick**« für den anspruchsvollen eiligen Gast bot havelländische Spezialitäten, die vorwiegend aus den Apfel- und Getreideprodukten entwickelt wurden, und war von der Terrasse aus zugängig sowie zweckmäßig und reizvoll eingerichtet.

Obwohl das Tanzcafé »**Café Bellevue-Bar**« im 16. Obergeschoss eine kühle Atmosphäre verbreitete, brachte die Bar, hier besonders der Bartresen, eine freundliche Note durch die Gestaltung und den Materialeinsatz von dunklem Holz und Keramik in das Tanzcafé.

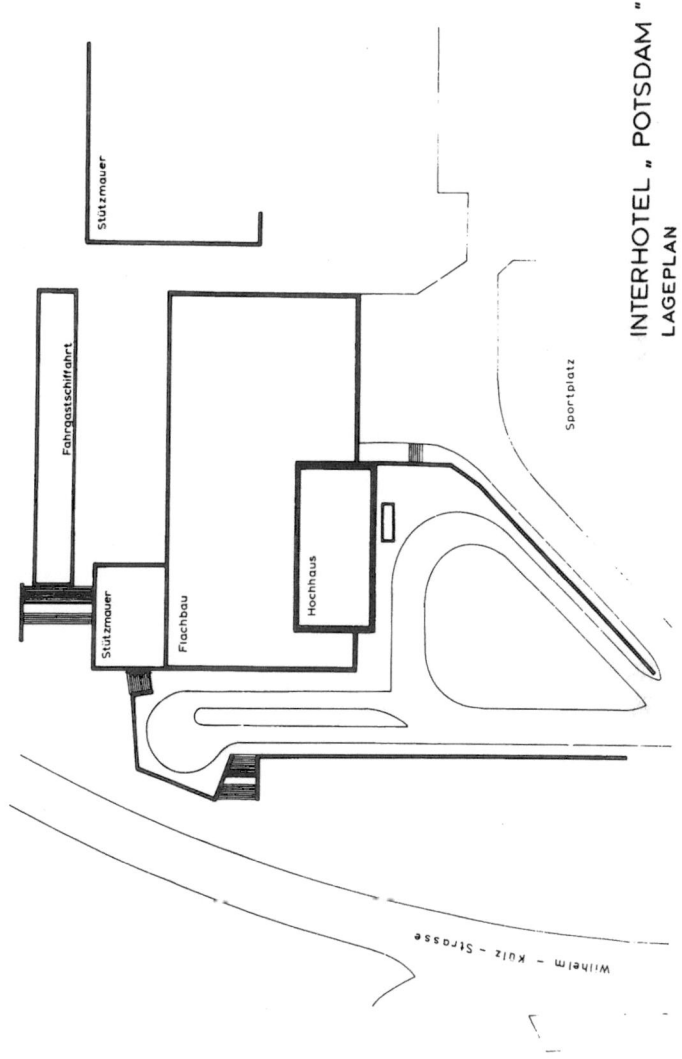

Abb. 23 - Der Lageplan des »Interhotel Potsdam«, 1969

Von dieser letzten Etage des Hotels hatten die Gäste einen einmaligen Rundblick aus über 55 Meter Höhe auf die Stadt, die Seenkette und die bewaldete Landschaft.

Die Anfahrt der Gäste erfolgte über die Friedrich-Ebert-Straße, die Abfahrt über die Wilhelm-Külz-Straße (heute: Breite Straße). Die Erschließungsstraße endete am Hoteleingang in einem Wendekreis. Die Hotelbelieferung wurde über eine separate, abgesenkte Wirtschaftsstraße, die in den Wirtschaftshof führte, abgewickelt.

Der Hotelgast, der ohne Fahrzeug anreiste, erreichte direkt von der Friedrich-Ebert-Straße aus über eine Treppe den Hotelvorplatz und damit den Hoteleingang. Rechts vom Hoteleingang auf Erdgeschossniveau lag die Empfangshalle mit dem Aufzug hinter dem Tresen. Links befand sich die Garderobe und der Intershop. Geradeaus erreichte man die geräumige Hotelhalle mit dem Service-Center und Souvenirverkauf sowie den Zugang zum Restaurant mit angeschlossenem Salon. Durch einen Raumteiler optisch abgeschirmt galten die Grillbar und die Snackbar als Erweiterung und Abschluss der Halle zugleich.

Der Küchentrakt lag zentral im Erdgeschoß mit direkter Verbindung zu allen gastronomischen Einrichtungen. Im 16. Obergeschoss befand sich das Tanzcafé mit der Bar und das 17. Obergeschoss war ein rein technisches Geschoss.

Nachdem der geplante Hotelbau Otto von Estorffs an der Allee nach Sanssouci 1951 scheiterte und das »Interhotel Potsdam« erst 1969 eröffnet wurde, verfasste eine „Arbeitsgruppe Interhotel Potsdam" am 26. Juli 1967 eine Konzeption über die Restaurants[33] im »Interhotel Potsdam«. Priorität hatte dabei die geschmackvolle Ausstattung der gastronomischen Einrichtungen, wie die Schnellgaststätte »Havelblick« und die Restaurants »Sanssouci«, »Roue«, »Serbia-

---

[33] Emmerich-Focke, Christina: Stadtplanung in Potsdam 1945-1990.

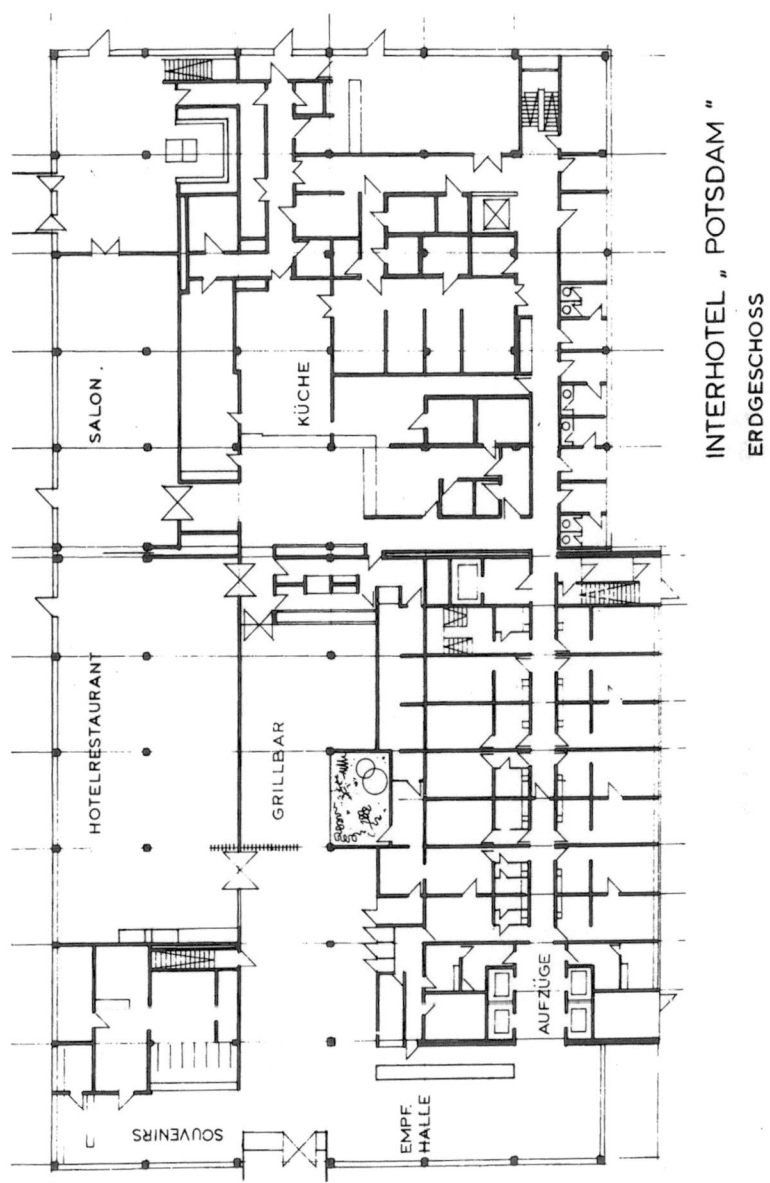

Abb. 24 - Der Grundriss des Erdgeschosses mit der Empfangshalle, dem Restaurant, dem Salon, der Grillbar und der Küche, Stand 1969

Grill« und das »**Café Bellevue-Bar**« im 16. Stockwerk.[34] Zur Eröffnung des »**Interhotels Potsdam**« 1969, zum 20. Jahrestag der DDR, gab Direktor Hellmut Fröhlich mit 60 Hirschen, 240 Rehen, 200 Hasen, 2 Tonnen Forellen, 60 Kälbern und 36 Rindern eine edle Bestellung auf. Das von 50 Hotelköchen zubereitete Essen fand seine dankbaren Abnehmer, denn alle Restaurants des Hauses waren auch für DDR-Bürger, entgegen anders lautenden Vermutungen, von Anfang an zugänglich.

Abb. 25 - Das Restaurant »Havellandgrill«, Aufnahme um 1987

Zwei Jahre später, 1971, durften sie sogar im Hotel nächtigen, unterhalb der Devisengäste, die in der „Valuta-Etage" im 8. Stock logier-

---

34 Besteher-Hegenbart, Axel; Gärtner, Peter: Reisebuch DDR - unterwegs zwischen Oder und Elbe, 1990.

ten. Seit 1972, mit Einführung des FDGB-Feriendienstes, musste das **»Interhotel Potsdam«** diesen Feriendienst mit 42 Millionen Mark subventionieren. Dadurch galt das Hotel aber auch als Betrieb mit niedriger Gewinnerwirtschaftung, das von der Sache her die eigentliche Leistung verzerrte.

Abb. 26 - Ansichtskarte mit dem Restaurant »Serbia-Grill« im »Interhotel Potsdam«, Aufnahme: PGH Rotophot Fototechnische Werkstätten Bestensee, 1977

Ende 1989 wurden die Preise dahingehend kostendeckend geändert, sodass auch der FDGB-Feriendienst die „normalen" Preise zu zahlen hatte. Ab 1.1.1990 wurden die Zimmerpreise wie folgt festgesetzt:

- Einzelzimmer: 78,00 Mark,
- Zweibettzimmer: 103,00 Mark,
- Kombinationszimmer: 93,00 Mark.

Trotz Subventionen gastronomischer Leistungen und anderen Dienstleistungen sollten dennoch keine Verschlechterungen für die Urlauber aufkommen. Im Interesse einer hohen Valutaerwirtschaftung durch das **»Interhotel Potsdam«** sollte aber die Kapazität des FDGB-Feriendienstes um 50% reduziert werden, bzw. die Belegungszeiträume verlagert werden. Im Dezember 1989 hieß es, dass die bisherigen vertraglichen Beziehungen mit dem FDGB nicht aufrechterhalten bleiben können. Seitens der Generaldirektion des **»Interhotel Potsdam«** wurde der bestehende unbefristete Vertrag mit dem FDGB-Feriendienst gekündigt und in einen Jahresvertrag geändert.

Anfang der siebziger Jahre besaß Potsdam als erstes Interhotel, über zwanzig Fernseher. Ausschlaggebend dafür war, dass die Babelsberger DEFA-Filmstudios eine Etage als Dauermieter belegten. So checkten hier prominente nationale und internationale Filmstars wie Karlheinz Böhm, Audrey Landers oder auch Zsa Zsa Gabor ein. Für die Gabor musste angeblich Toilettenpapier aus West-Berlin gereicht werden. Auch der amerikanische Schauspieler, Sänger, Drehbuchautor und Regisseur Dean Reed, erhielt mit seiner späteren Ehefrau, Bärbel Beuchler, anlässlich der Drehs zum DEFA-Film »Blutsbrüder« eine Suite im **»Interhotel Potsdam«**.

1978 entstand unter Regie von Werner Bergmann, der auch das Drehbuch schrieb, im Hotel der DEFA-Film „Nachtspiele" mit Horst Drinda in der Hauptrolle. Die Handlung: „Eine Nacht im Potsdamer Interhotel. Herr Paul, ein Dienstreisender, hat hier ein Zimmer. Er begegnet Frau S., die er von früher flüchtig kennt. Sie ist mit einer Autopanne liegengeblieben und sucht eine Unterkunft, aber es gibt keine. Die beiden kommen sich näher, gehen ins Restaurant und in die Bar. Sie geraten mit einem jungen Paar an einen Tisch, das bei den Eltern wohnt und im Hotel endlich einmal für sich allein sein will. Die jungen Leute sind gehemmt, wissen mit sich nichts anzufangen, Missstimmung kommt auf. Frau S. und Herr Paul hingegen genießen es, sich ungezwungen zu unterhalten, ihr Inneres zu offenbaren. Am nächsten Morgen holt der Alltag sie wieder ein."[35]

Am hoteleigenen Anleger lag außerdem eine Motoryacht für Hotelgäste bereit. Und wer vermutete im Arbeiter-und-Bauern-Staat schon, dass dieses Interhotel großbürgerlich Tennis- und Reitstunden anbot, für 3,00 Mark, bzw. 7,50 Mark – hier war es möglich. Die Preise waren damals sehr moderat, sodass das Hotel ständig zu 100 Prozent ausgelastet war.

Das Interhotel-Restaurant »Quick«

1988 entstand ein neuer Restauranttyp »**Quick**«, wie der Name verrät eine Gaststätte zur Schnellversorgung. Diese neuartige Einrichtung als Fast-Food-Restaurant vereinte Elemente einer Küche und Backstube. Die Grundidee war, regionale Erzeugnisse aus dem Havelland für das gastronomische Sortiment als profilbestimmende Komponente wirksam zu machen.

Die Fußboden- und Wandfliesen in weiß und hellbraun, helle Tischoberflächen mit grünen Holzfassungen und schwarzen Holzflächen als Kontrastpunkt sowie grün-gelbe Farbgestaltung zur Harmonisierung, große Grünpflanzen sowie feststehende Platzordnung aus Materialien Chrom, Leder und Holz sollten Sauberkeit, Frische und einen modernen Stil vermitteln. Der Standort des Restaurants war nahe der Anlegestelle der „Weißen Flotte". Standortbedingt bildete sich hier Saisoncharakter heraus. »**Quick**« war von 11.00 bis 21.00 Uhr ohne Ruhetage geöffnet und war von 11.00 bis 14.00 Uhr Nichtrauchergaststätte. Allgemeine Bedienungsformen waren Kellner- und Barbedienung. Das Restaurant verfügte über eine Gesamtkapazität von dreißig Sitzplätzen, davon vierzehn am Bartresen. Die Ausgestaltung war durch originelle Fliesen im Gastraum mit dem Charakter

---

[35] Das zweite Leben der Filmstadt Babelsberg. DEFA-Spielfilme 1946-1992

einer Speisebar in Kombination mit Elementen einer Bäckerei geprägt. Das Grundsortiment war gekennzeichnet durch frischgebackene Brotsorten mit verschiedenen Füllungen; wie Früchtebrot, Nussbrot, Pilz-Oregano-Brot, Zwiebel-Majoranbrot, Sauermilchkümmelbrot und Kräuterknoblauchbrot.

Abb. 27 - Ein Blick in das Schnellrestaurant »Quick«, Aufnahme: Privat von 1988

Heute befindet sich im Hotel »**Mercure**« das Restaurant »**Oscar**«. Auch derzeit erhalten die Gäste neben regional-brandenburgischen Spezialitäten, außerdem internationale Küche. »**Oscar**« bietet hundertachtzig Sitzplätze und von den Terrassenplätzen einen wunderschönen Blick auf die Havel und Potsdams Stadthafen. In der »**Cinebar**« mixt die Barchefin ausgezeichnete Cocktails.

Am Stadthafen befand sich bereits damals die „Weiße Flotte" und hier v.a. das hoteleigene Schiff „MS Möwe", das 1937 gebaut wurde. Mit etwa 16,5 m Länge und 3,5 m Breite hatte es für etwa 18 Personen Platz und war interhoteleigenes Gästeschiff. Um 1990 wurde es Eigentum der „Weißen Flotte" und als Werkstattschiff genutzt. Seit 2000 ist es wieder als Hotelschiff für Rundfahrten über die Rheinsberger Seenlandschaft, nördlich von Rheinsberg zwischen den Orten Flecken Zechlin und dem Großen Stechlinsee gelegen, zugänglich.

Der neu gestaltete Potsdamer Hafen als mediterane Oase in Potsdam, wird durch das spanische Restaurant »**El Puerto**« mit ca. 80 Plätzen belebt. Auf der Terrasse sitzend, umgeben von Palmen, können die Gäste die Ankunft und Abfahrt der Ausflugsschiffe beobachten.

Der Innenbereich des Restaurants bietet Platz für etwa 65 Gäste und paßt sich angenehm dem sommerlichen Flair des Hafens an. Segeltuch, spanisches Terrakotta und Keramik harmonieren mit den aus dunklem Buchenholz gefertigten Möbeln. Bilder und Musik aus südländischen Gefilden lassen Urlaubserinnerungen wach werden. Die Spezialitäten der Küche sind spanische "Tapas", warme und kalte Köstlichkeiten, die in handgefertigten Steingutschalen in verschiedenen Größen gereicht werden.

Beschreibung eines Urlaubsaufenthalts im Interhotel 1971

Eine recht plastische Schilderung eines Kurzurlaubsaufenthaltes einer Familie gab es 1971 in der Hotelzeitschrift „Für Sie" nachzulesen. Unter dem Titel „Mama, Papa, Katrin und ich" wurden die Urlaubstage eines Wochenendes im »**Interhotel Potsdam**« detailliert beschrieben.

Hier ein Auszug des Urlaubsberichtes:

„... *Papa ging uns anmelden und bekam den Zimmerschlüssel. ... und ich beschnupperte erst einmal das Hotel. Dann fuhren wir mit dem Lift in die 14. Etage. Katrin wollte gleich baden, Mami ausruhen und Papi Mittagessen. So hatte eben jeder seine Wünsche.*

Bis die unter einem Hut waren, konnte ich aus dem Fenster gucken. Unten waren viel Wasser und zwei Dampfer. Auf dem Wasser leuchteten weiße Punkte, und wo kein Wasser war – schwarze. Papa erklärte, dass die weißen Punkte Schwäne seien und die schwarzen Punkte Menschen, die auf der Hotelterrasse spazieren gehen. ...

Als es schon spät war, kamen wir wieder an unserem Interhotel an, und wir mussten ins Bett, nachdem wir vorher Abendbrot gegessen hatten. Ein Onkel, der Kollege Kellner hieß, brachte uns dauernd neue Teller, und Mutti brauchte nicht in die Küche rennen. Sie ging dann mit Papi in die Bar. Katrin und ich wollten auch in die Bar, aber Papa wollte mal ohne Jören sein. ...

Nach dem Frühstück pilgerten wir durch Potsdam, wozu die großen Leute auch märkische Metropole sagen. Wir schauten ins Holländische Viertel und unter das Nauener Tor. Dann gingen wir im Park spazieren, wo viele Schlösser stehen, aber den Namen Sanssouci muss Papa aufschreiben, denn das ist noch zu schwer für mich. ... Zum Mittag menüten wir wieder im Interhotel – aber in der Grillbar, wo es so schön ist, wie im Garten, weil da richtige Vögel herumflatterten. Mama und Papa aßen Gegrilltes und wir Kleinen futterten Eierkuchen, die viel leckerer schmeckten.

Nach dem Mittagessen gingen wir auf die Hotel-Terrasse und waren nun ebenfalls schwarze Punkte, wenn man von oben nach unten schaut. ... Katrin wollte auf einen Schwan steigen und spazieren fahren, doch wir stiegen auf ein Motorboot, was auch dem Hotel gehört, und fuhren hinaus auf die Seen. Wenn der eine See zu Ende war, begann auch schon wieder ein neuer. Links und rechts kamen Dampfer vorbei und Segelboote und Luftmatratzen, die aber nicht allein fahren können und deshalb von Schwimmern geschoben werden. ... In

Caputh machten wir Rast und gingen ein bisschen baden. Als dann die Mücken kamen, kletterten wir wieder alle ins Boot und flitzten zurück ins Hotel. Wir schleckerten noch ein Eis, und Papa bezahlte das Wochenende. Er meinte, dass es gar nicht so teuer gewesen sei und dass man ruhig öfter verreisen solle.[36]

Abb. 28 - Das Hotelschiff „Möwe", heute noch immer aktiv auf den Gewässern um Rheinsberg, Aufnahme um 1970

[36] „Für Sie" – Interhotels der DDR stellen sich vor, Herausgeber: Interwerbung GmbH Gesellschaft für Werbung und Auslandsmessen der DDR, Verlag Die Wirtschaft, 1971

Abb. 29 - Das Hafenbecken am »Interhotel Potsdam«, Ansichtskarte: PGH Foto-Studio Potsdam, um 1976

Abb. 30 - Das Stadthafenbecken am Hotel »Mercure«, Aufnahme von 2015

Abb. 31 - Das ehemalige »Interhotel Potsdam« - Blick auf das 17geschossige Interhotel
mit dem Hotelschiff „Möwe", das idyllisch am Havelufer liegt, Aufnahme: VEB Bild
und Heimat Reichenbach (Vogtl.), um 1980

Von der politischen Wende zur Treuhand-Verwaltung 1990 bis 1992

Mit dem „Gesetz über die Gründung und Tätigkeit privater Unternehmen und über Unternehmensbeteiligungen"[37] vom 7. März 1990 entstand die „Hotel Potsdam GmbH", die im November 1990 einen Vorschlag zur Sanierung, Privatisierung und zum effizienten Betreiben der Interhotels vorlegte.

Dabei galt der Grundsatz, erst die Hotels zu sanieren und modernisieren um sie dann mit einem höheren Verkehrswert zu verkaufen. Der Verkauf sollte über Aktien laufen, um eine höhere Variabilität zu erzielen und zum anderen, eine Beteiligung der Mitarbeiter am Unternehmen zu Vorzugsbedingungen zu ermöglichen.

Die Privatisierung der Interhotels im November 1991 an die Hauptgesellschafter der Berliner Klingbeil-Gruppe, Axel Guttmann und Klaus Groenke war zu diesem Zeitpunkt der bis dahin größte Deal, den die Treuhand aus dem DDR-Nachlass einfädelte.

Der Verkauf der DDR-Interhotels brachte der Treuhand einen Gesamterlös von 2,5 Milliarden DM ein. Für die 33 Hotels zahlten die erfolgreichen Bieter 2,1 Milliarden DM. Zusätzlich zur Kaufpreiszahlung sicherten die Bieter weitreichende Verpflichtungen vertraglich zu. Darunter fielen Investitionen zur Modernisierung und zum Ausbau der Hotels sowie zum Erhalt der bestehenden Zahl von Arbeitsplätzen und Hotelzimmern. Fünf weitere Interhotels wurden an andere Bewerber zu einem Gesamtpreis von 346 Mio. DM veräußert.

---

[37] Vgl.: GBl. I Nr. 17 S. 141, vom 7. März 1990

Das »Mercure Hotel Potsdam« von 1992 bis heute

Das »**Mercure Hotel Potsdam**« (ehemals: »**Interhotel Potsdam**«) ist ein Hochhausbau aus der DDR-Zeit, das bis 1990 von der Vereinigung Interhotel betrieben wurde. Nach der Wende wurde es von der Mercure-Kette übernommen, saniert und auf den nun damals üblichen Ausstattungsstandard umgebaut. Es liegt an der Langen Brücke im Territorium des Lustgartens an der Havel. Das 4-Sterne-Hotel »**Mercure**« steht also in der historischen Stadtmitte vis à vis dem ehemaligen Potsdamer Stadtschlosses, dem heutigen Landtag.

Die 210 Hotelzimmer sind modernisiert, klimatisiert und mit WLAN ausgestattet. Die oberen Etagen bieten eine interessante, in Potsdam einmalige Aussicht auf die Stadt und ihre Seenlandschaft. Hier befinden sich des Weiteren Konferenzräume für Veranstaltungen mit bis zu 220 Personen.

Das Hotel wirbt für Bahnreisende und punktet mit der Nähe zum Potsdamer Hauptbahnhof, der nur wenige Gehminuten vom Hotel entfernt liegt. Auch die Flughäfen Tegel und Schönefeld, nur 35 km bzw. 40 km außerhalb der Stadt entfernt, liegen günstig.[38]

Nach Aussagen der Hoteldirektion liegt heute die Quote der Zimmerauslastung unter den 100% aus den Zeiten der DDR. Dennoch sucht dieses Hotel in der Landeshauptstadt Potsdam bezogen auf Lage und Kapazität seinesgleichen.

Obwohl das Haus innen komplett renoviert wurde, ähnelt es äußerlich allerdings noch sehr dem ursprünglichen Interhotel - zum Leidwesen einiger Potsdamer, denen der „schmucklose" Plattenbau missfällt.[39]

---

[38] Vgl.: http://www.accorhotels.com/de/hotel-1582-mercure-hotel-potsdam-city/index.shtml

[39] Bettina Seipp: Was aus den Hotels des Sozialismus wurde, Die Welt vom 26. Oktober 2009.

Die Perspektive des Hotels »Mercure« und des Lustgartens

Das Gebäude nutzte bis zum September 2012 die französische Accor-Hotelkette mit ihrer internationalen Marke »**Mercure**«. Accor pachtete das 210-Zimmer-Hotel von der Blackstone-Gruppe, einer US-Investmentgesellschaft mit Hauptsitz in New York. So erwarb Blackstone Ende 2006 vierzehn ehemalige Interhotels der DDR, darunter das »Interhotel Potsdam«. Eine Veränderung des bis dahin geltenden Zustandes des Drei-Sterne-Hauses sollte sich ab 2012, mit dem Auslaufen des Pachtvertrages mit dem Eigentümer Accor, einstellen.

Nun sollte das Hotel »**Mercure**« bereits seit mittlerweile 15 Jahren verschwinden - aus „architektonischen Gründen", wie es hieß. In Potsdam wurde bezweifelt, ob der 40. Jahrestag der Eröffnung des Hotels ein Jubiläum und das Ende darstellt. Doch es steht noch heute – 45 Jahre nach der Eröffnung.

Der Standort und die weitere Existenz des Hotel »**Mercure**« wurden und werden in Architekten-Kreisen keineswegs durchgängig negativ geteilt. Kurze Zeit vor dem Auslaufen des Pachtvertrages wurden plötzlich Architekten mit verschiedenen Meinungen zum bestehenden Hotelbau an der Havel aktiv. So sprach der Architekt Christian Wendland von einer „Kiste", die direkt vor dem neuen Landtag (Stadtschloss) in exakter Gestalt des historischen Stadtschlosses keinen Sinn mehr mache.

Einige Politiker und Bürger der Stadt Potsdam fordern den rigorosen Abriss des Gebäudes. Mäzen und Millionär Plattner wollte an den Standort des Hotels »**Mercure**« eine Kunsthalle bauen,[40] quasi auf dem Gelände des Lustgartens, wo vor 1945 nie ein Gebäude stand. Solche Pläne einer Neubebauung des Lustgartens werden in keinem

---

[40] http://de.wikipedia.org/wiki/Mercure_Potsdam

Fall den gewollten Originalzustand annähernd wieder herstellen können.

Potsdams Stadtpolitiker machen nun wieder kräftig bei der Entscheidungsfindung zum Abriss des Hotels mit. So verriet 2012 Potsdams Oberbürgermeister Jakobs den Potsdamer Neuesten Nachrichten:

> *„Wir sind Verhandlungspartner, Potsdam habe sich eine Option gesichert, sie könne mitreden, etwa wenn es darum gehe, zu welchen Fristen das Hotel fortgeführt wird oder ob Alternativen ausgehandelt würden. Es stünden komplizierte Verhandlungen bevor. Der früheren Aussagen zufolge einen Abriss des Hochhauses befürwortet das Stadtoberhaupt Potsdams voll und ganz. "*

„Langfristig soll das Haus nicht erhalten bleiben" erklärte SPD-Fraktionschef Mike Schubert.

Auch der bündnisgrüne Vorsitzende der Stadtverordnetenversammlung Peter Schüler erklärte, dass die „17 Geschosse abgetragen" werden müssen - wenn er, Schubert, einen Wunsch hinsichtlich des Hotelbaus frei hätte, aber hier ginge es nicht um die Erfüllung von Wünschen der Stadtpolitiker.[41]

Aus welchen Gründen das Hotel »**Mercure**« als „ein abgängiges Gebäude zu betrachten" sei, begründete Architekt Wendland lapidar mit den Worten: „Das Ding steht an der falschen Stelle."

Bezüglich der Gestaltung des Gebäudes müsse es weg. Allerdings ließ sein Urteil über das 2002 sanierte Hochhaus auch andere Aspekte zu: Den Bau allein aus ästhetischen Gründen zu beseitigen, wäre „nicht vertretbar". Es müssten dafür „hieb- und stichfeste Argumente" her. Es müsse auch beachtet werden, dass das Haus durchaus einen Wert besitze. Wendland: „Es wurden Investitionen getätigt, die sich erst amortisieren müssen." Vor neuen Investitionen müsse ge-

---

[41] Potsdamer Neueste Nachrichten - 17 Etagen abtragen, von Guido Berg, 10.01.2009.

fragt werden, wie lange die Restlaufzeit des Hauses noch währt und ob die Statik noch gegeben ist. Als alternativen Standort für das Hotel »**Mercure**« könnte sich der Architekt den Uferstreifen zwischen Altem Markt und Alter Fahrt vorstellen. Entstehen könnte etwa neben dem Palais Barberini ein Bau der „verträglich, differenziert und interessant ist". In der Vergangenheit wurde auch das neu zu rekonstruierende „Palais Barberini" selbst als mögliches Hotel diskutiert.

Auch der Kommunalpolitiker Peter Schüler könnte sich mehr Qualität vorstellen: Das Hotel »**Mercure**« habe „eine Unmenge an relativ unkomfortablen Zimmern"; besser wären weniger, aber komfortablere Zimmer. Wer über Hotels in Potsdams Mitte nachdenkt, der müsse auch beachten, dass das jetzige Landtagsgebäude auf dem Brauhausberg als Hotel in Frage käme. Für das »**Mercure**«-Hochhaus aber, so Schüler, sollte es eine Einigung darüber geben, wie lange es noch genutzt werden kann, um es danach „zu beerdigen".[42]

Nicht zu überhören und zu übersehen, sind prominente Einwohner der Stadt wie Günther Jauch mit dem Zitat: „...Und wenn es dann noch gelänge, neben dem Bau einer Kunsthalle gleichzeitig auch den Schandfleck Mercure-Hotel zu beseitigen, wäre das doppelt schön."

Die Perspektive ist seit dem 12. September 2012 bekannt und klar. Der bisherige Vermieter, die US-Investmentgesellschaft Blackstone, wird das Hotel unter dem alten Logo »**Mercure**« für fünf bis zehn Jahre übernehmen, wie die Medien im September 2012 mitteilten.[43]

Wirklichkeitsnahe Substanz zum Fall des Hotel »**Mercure**« gab es erst im Jahr 2012 mit dem Kauf-Angebot H. Plattners, um an jenem Ort seine Kunsthalle zu errichten. Erwerb des Grundstücks und Abriss hätten der Stadt ca. 15 Millionen Euro gekostet.

---

[42] Potsdamer Neueste Nachrichten - 17 Etagen abtragen, von Guido Berg, vom 10.01. 2009.

[43] Märkische Allgemeine Zeitung - Leises Ausatmen, von Jan Bosschaart, vom 13.09.2012.

Abb. 32 - Das Hotel »Mercure« mit dem Hafenrestaurant »El Puerto« von der Stadtha-
fenseite, Aufnahme von 2015

Noch im Sommer 2013 war die Potsdamer Spitze der Stadtregierung guten Mutes das Hotel abreißen zu können, auch gegen Widerstände in der Stadtpolitik. So wollte die Stadt dem Eigentümer Investitionen und die Nutzung unmöglich machen, um es der Stadt Potsdam zum Kauf anzubieten. Dieser Plan scheiterte, da die Investmentgruppe Blackstone dieses Hotel im Paket mit den 14 Interhotels der DDR zum Verkauf stellen will. Selbst ein Vorkaufsrecht für die Stadt besteht nicht. Ein nebenher bestehendes Problem für die Stadt ist der Neubau der Weißen Flotte am Hotel. Auch das wollten die Spitzenpolitiker Potsdams verhindern. Im November 2013 kam es im Stadtparlament diesbezüglich zu einer ersten Entscheidung. Die Abgeordneten entscheiden sich für den Plan, die Weiße Flotte mit ihrem Restaurantneubau am Fuße des Hotels zu errichten.[44]

Anfang 2014 berichteten die Medien, dass die weltweit agierende Privat-Investment-Firma „Starwood Capital Group" bei dem insolventen Tochterunternehmen des Blackstone-Konzerns einsteigen will. Noch ist dieser Eigentümerwechsel nicht besiegelt, alles ist offen und die Stadt Potsdam will weiterhin das Hotel kaufen, um am Abriss des aus ihrer Sicht einseitigen Wahrzeichens der Stadt festhalten zu können.[45]

"Das aggressive, einseitige Gebaren gegen das Hotel und unsere Marke Mercure ist in Deutschland trotz unserer zahlreichen Standorte ein einmaliger Vorgang" – mit diesem Satz ging der Chef von Accor Deutschland, Michael Mücke im Mai 2014 an die Öffentlichkeit.

Potsdam will seinen zentralen Lustgarten umgestalten. Im Juli 2014 wurde mit einem mehrstufigen Werkstattverfahren zur zukünftigen Gestaltung des Lustgartens und damit auch des Hotelgrundstücks begonnen. Architekten, Stadtplaner und Bürger sollten damit eine

---

[44] Potsdamer Neueste Nachrichten – Das Mercure muss weg, von Katharina Wiechers, Peter Straube, Peter Tiede, vom 20.08.2013

[45] Märkische Allgemeine Zeitung - Kämpferischer Mercure-Direktor, von Jürgen Stich, vom 06.01.2014

Chance bekommen, Vorschläge und Planungen einzureichen. So arbeiteten 7 Expertenteams Vorschläge aus, die von den Bürgern bewertet und von einer Jury prämiert werden. Trotz Verteidigung des Verfahrens durch die Stadt und Pro Potsdam, gab es harsche Kritik an diesem Verfahren und den Entwürfen – das Hotel war in allen Vorschlägen nicht existent, die Planer legten daraufhin überarbeitete Entwürfe vor. Es gab eine zweite öffentliche Vorstellungsrunde. Lediglich zwei Teams integrierten das Hotel in ihren Plänen, das perspektivisch gesehen eliminiert werden soll. Auch eine dritte und letzte Vorstellung der Expertenpläne im Juni 2015 ergab keine neuen Erkenntnisse zu den vorhergehenden Vorlagen. Es wurde recht unübersichtlich und es stellte sich nach Abschluss heraus, dass es ein wiederholter Versuch war das Ende des Mercure zu besiegeln, da die Planungen der Expertenteams ohne Einbindung des Hotels »**Mercure**« erfolgten.

Obwohl das Werkstattverfahren mehrheitlich Entwürfe ohne das Hotel-Hochhaus brachte, ergaben eine Bürgerbefragung und ein Stadtverordnetenbeschluss vom März 2015 keine Abrisspläne des Hotel-Hochhauses. „In Bezug auf das Thema Hotel äußerten sich bis Herbst 2014 vergleichsweise viele: 17,3 Prozent der rund 830 Kommentare (Online-Umfrage und Info-Box auf dem Lustgarten) sprachen sich für den Erhalt des Hotels aus, 9 Prozent für dessen Abriss, knapp 3 Prozent für dessen Verschönerung. 1,66 Prozent halten die Debatte um das Hotel aktuell für finanz- und eigentumsrechtlichen Unsinn. 11 Prozent kritisierten das Verfahren selbst, 8 Prozent meinten, dass das Geld für Wichtigeres ausgegeben werden sollte."[46] Die demokratische Einbindung der „breiten Bürgermasse" war neben Geldverschwendung eine Pharse. Das Votum des von der Stadt einen Tag nach der dritten Vorstellung eingesetzten Gutachter-Gremiums beendete den Bürgerdialog zur Gestaltung der Stadtmitte. Alle Architektur-Experten, so auch der grüne Bauderzernent und seine Parteifreundin sprachen sich gegen das Hotel »**Mercure**« aus.

---

[46] Bauwelt 15/2015

Abb. 33 - Ansichtskarte mit Motiven des »Interhotels Potsdam«, Aufnahme: PGH Rotophot, Werkstätten für Fototechnik, Bestensee b. Berlin, 1969

Lediglich der linke Chef des Bauausschusses und der Direktor des Hotels **»Mercure«** wollen einen sicheren Fortbestand. Dieses Votum hat keine bindende Wirkung, besitzt lediglich empfehlende Charakter. Das komplette Verfahren kostete die Stadt 500.000 Euro Steuergelder.

Das, was wirklich zählt, ist das Ergebnis der Bürgerbeteiligung zum Bürgerhaushalt 2015, bei dem der mit 7382 Punkten zweitplatzierte Bürgervorschlag, „die Stadt sollte keine Steuergelder zum Ankauf des Mercure-Hotel verwenden, um es abzureißen" Zustimmung bei den Stadtverordneten fand.

Voraussetzung für einen Abriss des Hotels ist jedoch eine Änderung der Sanierungsziele für den Lustgarten. Darin müsste das Hochhaus als städtebaulicher Missstand definiert werden.

Nachbetrachtung

Ein Wandel der Rückkehr zum historischen Stadtbild mit preußischer Barockarchitektur ist gegenwärtig in Potsdam augenfällig. Kaum eine andere Stadt in den neuen Bundesländern machte und macht es sich so schwer im Umgang mit dem baulichen Erbe der DDR-Geschichte. Die zuvor genannten gehäuften emotionalen, radikalen und zum Teil unversöhnlichen Auffassungen, die Debatten mit öffentlich autorisierten Meinungen zum ehemaligen »**Interhotel Potsdam**« dienten nicht unbedingt, dazu architektonisches Erbe der Stadt Potsdam zu bewahren - egal aus welcher Epoche der Stadtgeschichte. Kern der Diskussion muss die Frage sein, ob es uns möglich ist, nach der politischen Wende von 1989/1990 unter den errungenen, nunmehr demokratischen Voraussetzungen, historische Bausubstanzen – dazu zählen alle Epochen der Baugeschichte, so auch Bauten aus der Zeit von 1945 bis 1989 zu erhalten und wenn nötig, auch darin zu investieren. Politisch oder gar subjektiv motivierter Abriss kann nicht als Leitmotiv der städteplanerischen Entwicklung der Potsdamer Mitte gelten.

Sofern es nicht möglich ist, einen vernunftbegabten Kompromiss zu suchen, stehen wir - die Erben der Potsdamer Stadtgeschichte, Schulter an Schulter in der Reihe der zu Recht kritisierten Häuser- und Bilderstürmer der fünfziger und sechziger Jahre des 20. Jahrhunderts. So erinnern wir uns immer wieder an die Monate November 1959 bis April 1960, in denen die systematische Sprengung der verbliebenen Reste des Stadtschlosses erfolgte. Wir erinnern uns auch an die Monate Mai und Juni 1968, die mit der Sprengung der Garnisonkirche verbunden waren. Das Kirchenschiff der Heilig-Geist-Kirche in der Burgstraße wurde 1960 abgetragen und am 23. April 1974 erfolgte die Sprengung der Reste des Kirchturmes.

Wir sollten aus den Fehlern der Geschichte gelernt haben und nach vernunftorientierten, emotionsfreien Lösungen suchen. Sensibilisierung zur Toleranz für die Architektur der Nachkriegsmoderne in Potsdam, das sollte die Devise sein.

Zu den DDR-Bauten, die vielen in der Stadt ein Dorn im Auge sind, äußert sich Prof. Steigerwald offen dazu, in dem er z.B. das „Gebäude (Fachhochschule Potsdam d.A.) als erhaltenswert einstuft". Eine Sanierung analog der des Nebengebäudes wäre möglich. Weiter ist er der Auffassung, dass sich „neben den Überbleibseln des Barock (Marstall / Filmmuseum, Altes Rathaus) und des Klassizismus (Nikolaikirche) der Fachhochschulbau als Zeugnis der ‚Ostmoderne' in eine architektonisches Ensemble einfügt, das zusammen mit einem modernen Schlossneubau zu einer Art Architekturpark werden könnte. Daher wäre die Instandsetzung und Modernisierung des Komplexes bei Erhaltung seiner jetzigen Fassade geboten ... Zumal das Gebäude selbst schon wieder ein Baudenkmal sei."[47] Mehr ist dieser Darstellung nicht hinzuzufügen.

Andere Interhotelbauten der DDR überlebten die Nachwendezeit recht gut. So stehen noch heute in den neuen Bundesländern die Hotels; »**Hotel Neptun**« in Warnemünde, das ehemalige »**Hotel Stadt Berlin**« sowie die drei Hotels »**Lilienstein**«, »**Königstein**« und das Hotel »**Bastei**« in der Dresdener Prager Straße. Diese Beispiele zeigen, dass nicht alles abgerissen werden muss. Erhalt ist tatsächlich möglich, auch in Potsdam. Obwohl dieses ostmoderne Hochhaus nicht gerade attraktiv aussieht, fügt es sich dennoch harmonisch in seine landschaftliche und architektonische Umgebung ein. Sicher war das »**Interhotel Potsdam**« „gebauter Optimismus, Streben nach Moderne, nach Austreiben des alten, staubigen Hofschranzengeistes"
[48]

Auch diese Art der Selbstdarstellung der DDR in Form der Architektur gehört unbedingt zur Stadtgeschichte Potsdams.

---

[47] Ostmoderne, PNN, von Jan Kixmüller, vom 29.10.2004.

[48] Ostmoderne: Denkmale oder Abrisskandidaten?, Wolfram Meyerhöfer, MAZ v. 18.02.2015

Rezepte aus den Interhotels der DDR

Aus Anlass des Zentralen Erfahrungsaustausches in Berlin 1984 wurden Beispiele neuer Speisensortimente von Meisterköche und Patissiers aus Interhotels der DDR in einer Broschüre abgedruckt (Verfasser dieser Rezepte waren Meisterköche und Patissiers wie: K. Drummer, K. Keller, P. Schroth – Hotel Chemnitzer Hof; D. Dierse, F- Patzelt – Hotel Erfurter Hof; L. Henke – Hotel Kosmos; H. Schade – Hotel Thüringer Tourist; K. Greschuchna – Hotel Potsdam).

Nachfolgend werden aus dieser Broschüre, die für jeden ohne Einschränkung, d.h. ohne Copyrights zugänglich war, verschiedene Rezepte abgebildet. Aus den Kategorien Suppen, Vorspeisen, Salate, Hauptgerichte und Desserts wird jeweils ein Rezept vorgestellt:

Suppe - „Kalte Tomatensuppe mit Joghurt" -

Kalte Tomatensuppe mit Joghurt

Rezeptur

1½ Ds.	Tomaten, geschält
300 g	Tomatenketchup
750 g	Joghurt
250 g	saure Sahne
4 St.	Eier
150 g	Kapern
300 g	Zwiebeln o. L.
100 g	Petersilie
50 g	Dill
100 g	Öl
15 g	Pfeffer, weiß
50 g	Paprika, edelsüß

Zubereitung

Geschälte Tomaten (Konserve) pürieren, mit Tomatenketchup, Joghurt und saurer Sahne verrühren. Öl und geriebene Zwiebeln zugeben. Leicht salzen, mit reichlich Pfeffer, etwas Worcester und Paprika abschmecken. Mit gehacktem, gekochtem Ei, gehackten Kapern, gehackter Petersilie und Dill verbessern. Sehr kalt servieren.

Vorspeise (kalt)

„Märkische Vorspeise"

Märkische Vorspeise
_____

Rezeptur
500 g	Kasselerrückenbraten
200 g	Frischkäse
200 g	Champignon o. F.
125 g	Kondensmilch
1/2 Gl.	Perlzwiebeln
1/5 Gl.	mar. Paprika 1/1
150 g	Aspikgelee Weißwein
100 g	Petersilie
50 g	Dill
100 g	Kräuterbutter
5 Sch.	Schwarzbrot

Zubereitung

Eine gefällige Tranche von saftig gegartem, kaltem Kaßler-
braten wird in der Mitte mit Knoblauchkäse garniert - ge-
spritzt. Den Knoblauchkäse vorher mit Kondensmilch geschmei-
dig rühren. Den Käse auf der Kaßlerscheibe verziert man im
Wechsel mit Perlzwiebeln, halbierten oder geviertelten, ge-
garten Champignonköpfen, Ecken von marinierten Paprikascho-
ten (auch Tomaten), Dillspitzen und Petersilie.
Alles leicht mit Weißweingelee (Aspik) überziehen.
Schwarzbrotecken mit Kräuterbutter extra.

Vorspeise (warm)

„Gebackener Camembert mit Aprikosensoße"

Gebackener Camembert mit Aprikosensoße
_____

<u>Rezeptur</u>

625 g	Camembert 30 %
5 St.	Eier
400 g	Weißbrot
150 g	Kokosraspeln
100 g	Butter
150 g	Öl
½ Gl.	Perlzwiebeln
1 St.	Kopfsalat
500 g	Salatgurke
5 Port.	Aprikosensoße

Aprikosensoße:

½ Gl.	Aprikosen 1/1
50 g	Aprikosengeist
50 g	Zucker
100 g	Weizenin
10 g	Ingwerpulver

<u>Zubereitung</u>

Camembert in etwa ½ cm dicke Scheiben schneiden und panieren. Die Panade besteht aus einer Mischung von zerstoße-
nen Corn-flakes und Kokosraspeln.
In heißem Öl vorbraten und dann Butter zugeben. Auf Kopf-
salat anrichten, mit Salatgurke garnieren und mit Spießen
von Perlzwiebeln versehen.
Extra Aprikosensoße bereiten:
Aprikosen pürieren, mit Ingwerpulver und Aprikosengeist
abschmecken, aufkochen, leicht mit Maisan binden und heiß
extra zum gebackenen Käse geben.

Hauptgericht

„Gefüllte Broilerbrust"

Gefüllte Broilerbrust
_____

Rezeptur   2.500 g   Broilerbrust
                 300 g   Schnittkäse
                 300 g   gekochten Schinken
                 300 g   gekochte Zunge
                 150 g   Petersilie
                 250 g   Tomatenketchup
                 300 g   Mehl
                 150 g   Zitronensaft
                   5 St. Eier
                 500 g   Semmelmehl
                 200 g   Schmalz
                 100 g   Butter
                 200 g   Kräuterbutter
                 200 g   Senf
                  50 g   Pfeffer, weiß
                  30 g   Paprika, edelsüß

Zubereitung

Die rohe Broilerbrust sauber von der Karkasse lösen, seitlich
einschneiden und aufklappen. Die so vorbereitete Brust ganz
leicht klopfen, mit Zitronensaft und Worcestersauce beträu-
feln, reichlich pfeffern, leicht salzen und mit edelsüßem
Paprika würzen.
Den gekochten Schinken, den Schnittkäse und die gekochte
Zunge fein würfeln, mit dem Tomatenketchup leicht binden,
grob gehackte Petersilie und gestoßene Pfefferkörner dazu-
geben.
Diese Mischung jeweils auf eine Hälfte der gewürzten Brust
verteilen. Die andere Broilerhälfte darüberklappen, nochmals
leicht würzen, dann gut in Mehl wenden, durch verquirltes Ei,
mit Salz, Pfeffer und Paprika gewürzt, geben. Im Ei kurze
Zeit ziehen lassen und wenden, damit das Mehl allseitig verquirltes Ei aufnehmen kann. Dann in Semmelmehl panieren, gut
anklopfen.
Die gefüllten Broilerbrüste in reichlich heißem Schmalz wie
Schnitzel von beiden Seiten saftig und knusprig braten. In
zerlassener Butter nachbraten.
Ohne Sauce anrichten, ofenauf Kräuterbutter, extra pommes
frites.
Jeweils saisonal den passenden Salat dazu.

Dessert

„Apfelschaum mit Zimtsahne"

Apfelschaum mit Zimtsahne

Rezeptur
3 St.	Eiweiß
500 g	Puderzucker
1.000 g	Apfelmus
20 g	Gelatine
250 g	Schlagsahne
10 g	Zimt, gemahlen

Zubereitung

Das Eiweiß mit 1/3 der Menge Puderzucker aufschlagen (sehr steif), danach restlichen Puderzucker untermehlieren.
Das Apfelmus leicht unterheben und mit der aufgelösten Gelatine absteifen. Danach portionieren und kalt stellen.
Die Schlagsahne mit Zimt versetzen und auf dem Apfelschaum garnieren.

Danksagung

Meine liebe Frau, Irina Fröhlich war eine wunderbare und liebevolle Unterstützerin während der Recherchen und des Schreibens. Voller Geduld und Interesse begleitete sie mich auch beim Recherchieren und Fotografieren - Vielen Dank dafür Irina!

Danke auch meiner lieben Tochter Luise Fröhlich, die das Manuskript geduldig durchgesehen hat und mir dabei wichtige Hinweise gab. Danke auch Dir Luise!

Danken möchte ich auch den Verlagen; Bild und Heimat GmbH Reichenbach, der Offizin Andersen Nexö Leipzig GmbH und der „Rotophot" GmbH Königs Wusterhausen, die mir sehr unbürokratisch die Genehmigungen und Rechte zur Veröffentlichung von Ansichtskarten in diesem Buch überließen. Vielen Dank.

Quellenverzeichnis

Beispiele neuer Speisensortimente anlässlich Zentraler Erfahrungs-austausch des Ministeriums für Handel und Versorgung und des Amtes für Preise, Berlin den 25.7.1984 - Broschüre, (25a) AG 131/vi/19/84

Besteher-Hegenbart, Axel; Gärtner, Peter: Reisebuch DDR: unterwegs zwischen Oder und Elbe

Blau, Weiß und Rot - Hollands Farbspiel in Potsdam - "Holländisches Viertel" präsentiert zehn Jahre nach dem drohenden Abriss als Juwel, PNN vom 12.01.01

Clemens Alexander Wimmer: Der Potsdamer Lustgarten. Herausgegeben von der Stiftung Preußische Schlösser und Gärten Berlin-Brandenburg. Berlin: Edition Hentrich 2004, 90 S., 100 Abb. Deutsche Architektur, Band 19,Ausgaben 7-12, Berlin, VEB Verlag für Bauwesen

DDR-Sportzeitung Deutsches Sportecho, Ausgaben April/Mai 1966

Die Wasserkünste des kurfürstlichen Lustgartens, Adolf Kaschube, PNN, vom 20.04.2004

Döring, Catrin; Ecke, Albrecht: Gebaut!: Architekturführer Potsdam, Berlin Lukas Vlg. 2008

Emmerich-Focke, Christina: Stadtplanung in Potsdam 1945-1990, Werk, 1999

HB Bildatlas: H.298 Brandenburg - Rund um Berlin: Glanz und Gloria in Potsdam, Kahnpartien im Spreewald, Stille Winkel zwischen Havel und Oder. Mit Reisemarkt. HB-Verlags- und Vertriebsees, 2006

Hotelführer Interhotel DDR, 1989

Jung, Karin Carmen: Potsdam, Am Neuen Markt: Ereignisgeschichte, Städtebau, Architektur, 1999

Leises Ausatmen, Jan Bosschaart, MAZ, vom 13.09.2012

Märkische Allgemeine Zeitung (MAZ) – div. Ausgaben

Ostmoderne: Denkmale oder Abrisskandidaten?, Wolfram Meyerhöfer, MAZ vom 18.02.2015

Ostmoderne, von Jan Kixmüller, PNN vom 29.10.2004

Petri, Christiane: Potsdam und Umgebung - Sinnbild von Preußens Glanz und Gloria, DUMONT REISEVERLAG, 2009

Potsdamer Neuesten Nachrichten (PNN) – div. Ausgaben

Potsdam Stadtführer Altas, VEB Tourist Verlag, 2. Auflage, 1978

Reiseführer Deutsche Demokratische Republik – Autorenkollektiv, VEB Edition Leipzig, 1963.

Schaufuß, Thomas: Die politische Rolle des FDGB-Feriendienstes in der DDR. Sozialtourismus im SED-Staat. Mit Geleitworten von Vera Lengfeld / Klaus Schroeder.: Sozialtourismus im SED-Staat, Duncker & Humblot 2011

Thiede, Olaf; Wacker, Jörg: Chronologie Potsdam und Umgebung - die Kulturlandschaft von 800 bis 1918: Brandenburg, Potsdam, Berlin

Ullrich, Klaus: Jedes Mal im Mai. Sportverlag Berlin, 1987, ISBN 3-328-00177-8. S. 266–272

Bildnachweis

Index